OITO SEMANAS PARA MUDAR SUA VIDA

EDITORA EME

Solicite nosso catálogo completo, com mais de 350 títulos, onde você encontra as melhores opções do bom livro espírita: literatura infantojuvenil, contos, obras biográficas e de autoajuda, mensagens espirituais, romances, estudos doutrinários, obras básicas de Allan Kardec, e mais os esclarecedores cursos e estudos para aplicação no centro espírita - iniciação, mediunidade, reuniões mediúnicas, oratória, desobsessão, fluidos e passes.

E caso não encontre os nossos livros na livraria de sua preferência, solicite o endereço de nosso distribuidor mais próximo de você.

Edição e distribuição

EDITORA EME

Caixa Postal 1820 - CEP 13360-000 - Capivari-SP

Telefones: (19) 3491-7000 | 3491-5449

Vivo (19) 99983-2575 | Claro (19) 99317-2800 | Tim (19) 98335-4094

vendas@editoraeme.com.br - www.editoraeme.com.br

Elaine Aldrovandi

OITO SEMANAS PARA MUDAR SUA VIDA

Capivari-SP
– 2018 –

A Editora EME mantém, ainda, o Centro Espírita "Mensagem de Esperança" e patrocina, junto com a Prefeitura Municipal e outras empresas, a Central de Educação e Atendimento da Criança (Casa da Criança), em Capivari-SP.

1ª reimpressão - fevereiro/2018 - de 4.001 a 4.500 exemplares

CAPA | Rafael Suzuki Gatti
DIAGRAMAÇÃO | Victor Augusto Benatti
REVISÃO | Paulo R. Santos

Ficha catalográfica elaborada na editora

Aldrovandi, Elaine, 1966
Oito semanas para mudar sua vida / Elaine Aldrovandi - 1ª reimp. fev. 2018 - Capivari, SP: Editora EME.
168 p.

1ª edição: set. 2013
ISBN 978-85-66805-13-0

1. Princípios básicos do espiritismo. 2. Autoajuda. Motivação. 3. Terapia do passe e evangelho no lar. 4. Reforma íntima
I. TÍTULO.

CDD 133.9

Sumário

Seja líder de si mesmo 9

1ª Semana 19

O que é o espiritismo

Objetivo: levar o indivíduo ao conhecimento mínimo do que é a doutrina espírita, essencial para entender as propostas do livro. Ensinar a realização do Evangelho no Lar.

Tarefa da semana – humildade

2ª Semana 35

Hábitos para uma vida saudável

Objetivo: levar o indivíduo a entender por

que está adoecendo e situá-lo como coautor de sua cura.
Tarefa da semana – compreensão e tolerância
3ª Semana 51
Fluidoterapia: o passe e a água fluidificada
Objetivo: levar o indivíduo a entender o alcance do tratamento espiritual e incentivar a realização da reforma moral como meio para manter-se saudável
Tarefa da semana – paciência
4ª Semana 73
Combatendo a síndrome do "encosto"
Objetivo: explicar a obsessão e como combatê-la
Tarefa da semana – vigilância e oração
5ª Semana 89
Ame-se e cure a sua vida
Objetivo: levar o indivíduo ao desenvolvimento da autoestima
Tarefa da semana – abnegação e renúncia
6ª Semana 101
Se a mágoa aprisiona, o perdão liberta

Objetivo: levar o indivíduo a entender a dinâmica do perdão como forma de libertação do sofrimento
Tarefa da semana - misericórdia, piedade e indulgência
7ª Semana 119
Libertando-se do sentimento de culpa
Objetivo: promover o autoperdão
Tarefa da semana - generosidade e beneficência
8ª Semana 133
Lei de ação e reação - carma e sofrimento
Objetivo: entender o sofrimento como consequência de escolhas equivocadas e não como castigo divino
Tarefa da semana - resignação e desapego
Anexo I 149
Orientações aos leitores e aos que buscam o tratamento espiritual
Anexo II 155
Para casas espíritas

Seja líder de si mesmo

O título é de impacto. *Oito semanas para mudar sua vida*. Seria isso possível? Leia o livro e responda você mesmo. De uma coisa eu estou certa: uma palavra, um sentimento, uma atitude podem mudar uma vida porque a vida é feita de escolhas. Se esse livro ajudar você a pensar antes de tomar decisões ele já estará promovendo mudanças em sua vida, porque a maior parte dos seres humanos age e reage de forma automática, impulsiva, sem pensar nas consequências do que faz a curto, médio e longo prazo.

Decidi escrever esse livro com o objetivo de ajudar meus leitores a deixarem de ser reféns da vida para se tornarem autores de sua própria história. Desejo que sejam felizes, mesmo que as coisas não aconteçam exatamente como planejaram, pois penso que a felicidade é uma escolha, um jeito de olhar a vida e buscar enxergar o lado bom de tudo, o que não significa negar a dor, mas vivenciá-la com coragem e fé, encarando as dificuldades como oportunidades de crescimento pessoal.

Nos momentos de prazer nossa alma se expande em alegrias, enquanto nos momentos em que sofremos nossa alma se retrai para se concentrar na busca de respostas e saídas para as dificuldades e nesse enfrentamento, cresce, amadurece, aprende e evolui. Por isso eu disse que felicidade é escolha, ou seja, você pode escolher ver a vida sempre agradecendo ao bom e ao ruim, porque tanto um como o outro é importante para seu desenvolvimento pessoal, mas pode também escolher se tornar uma pessoa amarga, revoltada, vítima da vida, refém dos seus problemas.

Frequentemente condicionamos nossa felicidade à mudança das pessoas ou situações à nossa volta. Seguimos prisioneiros do humor dos que convivem conosco. Se nos tratam bem, ficamos bem; se nos tratam mal, ficamos mal. Vivemos, assim, como folhas ao vento, jogadas de um lado para o outro rumo à tristeza e à alegria, ao sabor dos companheiros de jornada terrestre. Porém a sua vida muda quando você muda!

Somos capazes de enfrentar desafios e vencê-los. Somos capazes de triunfar sobre nossos problemas. Educamos e somos educados o tempo todo na escola da vida. Podemos escolher conduzir nossas vidas rumo às estradas que nos conduzem ao aperfeiçoamento moral e intelectual ou ficarmos inertes e permitir que os outros nos conduzam para onde queiram.

Ao contato de pessoas que buscam a casa espírita em que trabalho percebi que o espiritismo é visto por elas como um pronto-socorro espiritual para as horas difíceis. Passam pelo tratamento, melhoram e logo desaparecem do centro para retornar, um pouco mais adiante, com os mesmos problemas ou com novos conflitos, quase todos tendo como base a baixa tolerância à frustração, ou seja, dificuldade de enfrentar contrariedades no campo material ou espiritual. Procuram o espiritismo para aliviar suas dores, mas não têm a menor noção de como evitá-las ou enfrentá-las. Creem que, milagrosamente, os espíritos resolverão todos os seus problemas. Desconhecem que a solução da maioria de suas dores está em suas próprias mãos. Da mesma forma, pacientes lotam consultórios de médicos buscando soluções mágicas, preferencialmente uma pílula da felicidade.

Pensei então em escrever um livro simples, que tivesse um mínimo conteúdo doutrinário para instruí-las a respeito do que é o espiritismo para que pudessem usar os conceitos espíritas a favor de seu equilíbrio pessoal, mas *meu objetivo principal é levar os leitores à reflexão sobre a causa de seus problemas que resultam, quase sempre, de escolhas equivocadas que fazem e na maneira distorcida como enxergam a realidade à sua volta.*

Mas este livro está indicado não somente aos que buscam a doutrina espírita nas horas difíceis para o alívio de suas dores, mas para toda e qualquer pessoa que deseje a libertação real.

Gostaria que esta obra ajudasse as pessoas a permanecerem de pé diante das dificuldades descobrindo o poder dentro de si e buscando a felicidade dentro e não fora de si mesmas.

Estudando a doutrina espírita compreendemos por que estamos aqui, de onde viemos e para onde vamos; aprendemos que temos livre-arbítrio e passamos a comandar boa parte dos acontecimentos à nossa volta e nos tornamos autores de nossa própria história. Deixamos de ser plateia e passamos a atuar no palco da vida, determinando nosso próprio destino.

Conhecendo nossa vida psíquica perceberemos que o acúmulo de mágoas e culpas, a baixa autoestima, o orgulho, a vaidade, a ambição e o apego geram grande parte de nossos sofrimentos. Esses vilões estão dentro e não fora de nós e são eles que roubam a nossa paz, não os outros. Por isso pensei: "preciso fazer algo mais por essas pessoas do que simplesmente aliviá-las; preciso ajudá-las a enxergar o que as está adoecendo; apontar caminhos que elas possam seguir e que as liberte". Daí nasceu o livro.

Quando indico o conhecimento da doutrina espírita, não objetivo fazer com que as pessoas abandonem sua religião para se tornarem espíritas. Penso que ao conhecer o espiritismo encaramos a vida com muito mais serenidade. Podemos continuar frequentando a religião de nossos familiares e acrescentar conhecimentos libertadores.

A maior parte das pessoas entra em contato com a doutrina tão somente por sua face consoladora. Mas o espiritismo tem outras faces, todas elas reunidas nos livros básicos da codificação, a saber:

O Livro dos Espíritos – formulado em perguntas

e respostas, contém toda a filosofia[1] espírita e é o livro que deve ser lido por todos os que querem conhecer o espiritismo. Em *O Céu e o Inferno*, obra em que Allan Kardec aborda as penas e gozos vividos pelos Espíritos após sua passagem pelos umbrais da morte, podemos entender a filosofia da semeadura na vida material e colheita na vida espiritual.

O Evangelho segundo o Espiritismo - explica o evangelho de Jesus à luz dos princípios básicos da doutrina espírita[2], sendo, portanto, sua face religiosa.

O Livro dos Médiuns contém a face científica do espiritismo, pois explica os fenômenos espirituais que nos rodeiam dando a eles as explicações que lhes cabem, retirando-lhes a aura de sobrenatural.

A Gênese também tem o objetivo de explicar de forma lógica e racional, portanto, científica, os fenômenos aparentemente sobrenaturais que envolvem a criação do mundo e os milagres de Jesus.

---

1 Filosofia - conjunto de princípios de uma doutrina que dá uma maneira especial de encarar a vida.

2 Ver primeira semana - o que é o espiritismo

Desse modo decidi iniciar o livro explicando de forma sintética a doutrina e os fundamentos do tratamento espiritual: passe, fluidoterapia e Evangelho no Lar. Explico o que é a obsessão e como combatê-la.

Sigo abordando os temas: culpa, mágoa, perdão, autoestima. Tento levar o leitor a entender a utilidade da dor em sua vida como propulsora do progresso espiritual e intelectual, assim como levar à reflexão de como suas escolhas impactam sobre sua vida. Reservei um espaço para reflexão semanal em torno de virtudes que nos conduzem ao equilíbrio.

Começo pela humildade, pois sem essa virtude não há abertura para o aprendizado. Somente quem é humilde se dispõe a pensar sobre as propostas desse livro. Abordo a tolerância e a compreensão, virtudes essenciais para o bom relacionamento com outras pessoas. Paciência é a virtude necessária para se implantar mudanças em si mesmo e aguardar que os companheiros de jornada também façam isso, no ritmo deles, pois ninguém muda de uma hora para outra.

Vigilância é a virtude que nos leva a observar nossa vida psíquica e nos leva ao autoconhecimento, fundamental para a reforma que se propõe realizar ao longo dessas oito semanas.

Abnegação e renúncia vem junto ao capítulo que fala sobre autoestima, para ajudar o leitor a diferenciar essas virtudes da autoanulação imposta pela baixa autoestima.

A misericórdia e a piedade facilitam o exercício do perdão na semana que trata desse tema. Quando abordo o tema culpa associo o estudo da generosidade e da beneficência para que aquele que se sente culpado perceba quantas coisas boas é capaz de realizar, o quanto é ou pode ser um ser humano bom.

Finalmente ao abordar o tema que fala a respeito do sofrimento, associo o estudo do desapego e da resignação para facilitar o desprendimento de tudo o que nos causa dor.

Sugiro que você anote a virtude da semana em papéis, agendas, na página inicial do computador, na porta da geladeira e do armário, no console do carro, amarre uma fita no pulso, enfim, crie uma maneira de lembrar o tempo todo que você está disposto a desenvolver aquela virtude e treine a semana toda até integrá-la. Se uma semana for pouco tempo, repita o exercício quantas vezes desejar e não se limite às virtudes propostas. Busque outras[3] e treine exaustivamente até perceber que naturalmente elas brotam nos momentos em que a vida exige. Observe diariamente seu humor, seus pensamentos e suas atitudes se modificando e parabenize-se após cada vitória. Acolha-se em cada derrota e tente outra vez.

Use essas sugestões ou crie outras, mas torne-se líder de si mesmo!

Lembre-se: a vida muda quando você muda
e se torna autor de sua própria história.

3 No livro *Manual prático do espírita* de Ney Prieto Peres da Editora Pensamento há um estudo das virtudes e dos defeitos morais que serviram de base para a confecção das tarefas da semana. Lá você encontrará outras virtudes e um modelo de autoconhecimento para sua transformação moral.

1ª Semana

O QUE É O ESPIRITISMO

Objetivo: *levar o indivíduo ao conhecimento mínimo do que é a doutrina espírita, essencial para entender as propostas do livro. Ensinar a realização do Evangelho no Lar.*

TAREFA DA SEMANA – HUMILDADE

Por falta de conhecimentos sobre os múltiplos aspectos da doutrina espírita, o espiritismo é popularmente confundido com os cultos afro-brasileiros, tais como a umbanda e o candomblé. Muitos vão ao centro pela primeira vez imaginando que vão encontrar atabaques, velas, cachimbos, danças e vestimentas especiais, colares ou guias, pontos cantados, imagens de santos ou qualquer apetrecho que sirva para algum tipo de ritual.

Saiba, porém, que o espiritismo é uma doutrina filosófica e científica que tem consequências religiosas, pois seus ensinamentos morais se baseiam nos ensinos de Jesus. O codificador da doutrina espírita diz: "*reconhecereis o verdadeiro espírita pelos esforços que faz para dominar suas más tendências*" e "*fora da caridade não há salvação*". Portanto, ser espírita é ser seguidor e tarefeiro do Cristo.

Para conhecer sua face moralizante e religiosa, que visa a ligação do homem com Deus, devemos estudar *O Evangelho segundo o Espiritismo*, onde os ensinamentos do Cristo são relembrados em sua pureza e simplicidade originais e analisados à luz da filosofia espírita.

O espiritismo foi ditado pelos próprios espíritos, através de vários médiuns (intermediários entre o plano material e espiritual), em lugares e em tempos diferentes. Coube ao renomado professor, filósofo, cientista e escritor francês do século XIX, Denizard Hipolyte Léon Rivail, cujo pseudônimo é Allan Kardec, o papel de codificar, ou seja, compilar a obra ditada pelos Espíritos em um livro para que pudesse ser estudado e compreendido por todos. Esse primeiro livro ditado pelos espíritos[4] a Kardec chama-se: *O Livro dos Espíritos.*

Os princípios básicos do espiritismo são:

- Crença na existência de um só Deus, a inteligência suprema que criou o Universo e que o mantém em equilíbrio.
- Crença na existência dos espíritos, que são as almas de pessoas que viveram sobre a Terra. Quando morremos, ou melhor,

4 Espíritos são as almas das pessoas que viveram sobre a Terra e que espontaneamente se manifestam através da faculdade humana conhecida por mediunidade.

desencarnamos,[5] continuamos vivos, mas em outra dimensão, num universo paralelo ao universo material que conhecemos.

- Crença na imortalidade da alma - o corpo morre, mas a alma é imortal.
- Crença na comunicação dos espíritos através da mediunidade - pessoas dotadas de percepções extrassensoriais - chamadas médiuns -, podem captar o pensamento dos espíritos e transmiti-los aos que se encontram encarnados na Terra, através da escrita (psicografia) ou da fala (psicofonia). Alguns médiuns também conseguem ver (vidência) e ouvir (audiência) os espíritos. A história relata fatos de materialização de espíritos, ou seja, espíritos que podem ser vistos e tocados[6].

---

5 "Desencarnado", na linguagem espírita, refere-se ao morto e o termo "encarnado", ao vivo. A vida nunca se extingue: ora estamos revestidos do corpo carnal, ora nos desvencilhamos dele no fenômeno conhecido como morte.

6 Procure na internet - materialização do espírito Katie King com o pesquisador Willian Crookes (na Inglaterra) e do espírito Madre Josefa através do médium Peixotinho (no Brasil).

- Crença na reencarnação - somos criados por Deus simples e ignorantes, mas nosso destino é atingir a perfeição intelectual e moral. Para atingirmos essa meta precisamos viver várias existências em mundos materiais onde nos submetemos a desafios que nos levarão ao desenvolvimento de todo o potencial intelectual e moral que há em nós. Uma única existência não é suficiente para nos aperfeiçoarmos, por isso precisamos nascer e renascer várias vezes.
- Crença na lei de causa e efeito - também conhecida como lei de ação e reação ou lei do carma -, significa que sofremos as consequências de nossas escolhas. Colhemos exatamente aquilo que plantamos. É o que Jesus quis dizer quando pronunciou a frase "a cada um segundo suas próprias obras". Muitas dificuldades vividas por nós, hoje, se não puderem ser explicadas por erros cometidos na vida atual, podem significar expiações de erros cometidos por nós em outras existências. Mas podem também ser

provas, através das quais adquirimos conhecimentos morais e intelectuais[7].

As obras básicas de Allan Kardec, para quem quer conhecer melhor o espiritismo, são: *O Livro dos Espíritos, O Evangelho segundo o Espiritismo, O Livro dos Médiuns, A Gênese* e *O Céu e o Inferno.*

O codificador da doutrina espírita diz: *"reconhecereis o verdadeiro espírita pelos esforços que faz para dominar suas más tendências"* e *"fora da caridade não há salvação". Ser espírita é seguir os ensinos do mestre Jesus.*

Uma orientação importante que o espiritismo indica para que você e seu lar permaneçam em

7 Provas, na linguagem espírita, são dificuldades que surgem com o objetivo de desenvolver habilidades intelectuais e morais ou testar conhecimentos adquiridos. Expiações são situações que representam a consequência de escolhas equivocadas feitas por nós em outras existências e que servem de oportunidade de reajuste de contas, reparação de erros e ressarcimento de prejuízos.

equilíbrio diz respeito à implantação do Evangelho no lar, que é feito da seguinte forma:

1 Escolha um dia da semana e um horário fixo para reunir-se com a família. Por exemplo: toda quinta-feira, às 20h. Procure ser assíduo e pontual porque os benfeitores espirituais irão até seu lar para abençoá-lo e orar com você e seus familiares, nesse dia e horário.
2 Coloque sobre a mesa um copo de água para cada pessoa que vai acompanhar a leitura do Evangelho, para que os mensageiros espirituais derramem sobre esses copos as energias adequadas à saúde de cada habitante desse lar.
3 Faça uma prece.
4 Leia em voz alta uma página de conteúdo evangélico (moralizante).
5 Em seguida, todos os que quiserem devem emitir opiniões sobre a página lida, enfocando o que entendeu e que ensinamentos ela contém.
6 Encerre com uma prece e peça a Jesus que abençoe seu lar.

7 Ao final, todos devem ingerir a água fluidificada.

Observações oportunas: não transforme o Evangelho no Lar em uma reunião para comunicar-se com espíritos. Não traga nomes de pessoas doentes ou perturbadas espiritualmente para orar por elas no momento do Evangelho. Isso pode funcionar como uma evocação aos espíritos que estão perturbando essa pessoa, atraindo-os ao seu lar. Nesses casos é conveniente que esses nomes de pessoas obsidiadas sejam levados a uma casa espírita e entregues a grupos especializados em desobsessão.

Não suspenda a reunião porque chegou visita, ao contrário, convide-a para orar com você. Evite discussões polêmicas em torno das questões lidas e não use as lições para "dar indireta" a quem quer que seja. Se ninguém quiser se sentar à mesa para orar com você, faça isso sozinho.

Livros sugeridos: *O Evangelho segundo o Espiritismo, Luz no lar, Jesus no lar, Sinal verde, Minutos de sabedoria, Sugestões oportunas, Palavras de vida eterna, Conduta espírita, Agenda cristã* e similares.

Os Salmos, Provérbios, Eclesiastes e todo o novo testamento também podem ser utilizados, para aqueles que prefiram utilizar a Bíblia, caso tenham na família pessoas contrárias ao espiritismo.

TAREFA DA SEMANA – HUMILDADE

A humildade é a virtude que nos faz sentir iguais aos demais: nem superiores, nem inferiores. A pessoa humilde não tem complexo de inferioridade nem de superioridade, o que equivale dizer que tem boa autoestima e não é orgulhosa.

A humildade é uma virtude importante para que se viva em paz consigo e com os outros.

Para desenvolver a humildade procure, durante toda essa semana, treinar as sugestões abaixo relacionadas:

1 Respeite opiniões, ideias, pensamentos e convicções alheias. Exponha sua maneira de

pensar, mas não a imponha a quem quer que seja. Dê sua opinião e esteja disposto a ouvir a opinião dos outros; reconheça que os outros podem estar certos.

2 Ouça com serenidade as críticas que lhe fazem, extraindo delas o que houver de bom para seu aperfeiçoamento e descarte tranquilamente o que não lhe serve, sem revolta, inconformação, mágoas e ressentimentos, entendendo a oportunidade que a crítica lhe oferece para evoluir, pois nem sempre você consegue enxergar suas falhas e seus defeitos sozinho. Procure ter consciência de seus defeitos e não se sinta diminuído por não ser perfeito. Todos têm defeitos.

3 Jamais menospreze quem quer que seja. Hoje você está acima, amanhã poderá estar abaixo dos demais. Hoje você comanda, amanhã poderá ser comandado. Lembre-se: somos filhos de Deus, irmãos uns dos outros. Quando retornarmos à pátria espiritual, nossos títulos, cargos e bens não irão conosco. Portanto cum-

primente com um sorriso aberto todos aqueles que lhe servem no dia a dia: a empregada, o motorista de ônibus, o taxista, o gari, o jardineiro, seus familiares, seu colega de trabalho. Trate a todos de forma respeitosa. Não seja simpático apenas com seu chefe ou com quem possa lhe dar algo em troca. Mostre seus talentos sem abafar os dos outros; suba na vida sem pisar em ninguém.

4 Essa semana submeta-se às ordens de seus superiores hierárquicos sem revolta e inconformação, como exercício necessário ao desenvolvimento da humildade. É preciso aprender a obedecer porque mandar todo mundo nasce sabendo.

5 Aceite realizar tarefas aparentemente simples que ninguém valoriza. Jesus lavou os pés dos seus discípulos. Por que você não pode passar um pano no chão da sua casa ou de seu escritório? Se ocupar um cargo importante, sirva mais que os outros.

6 Quando alguém humilhar ou menosprezar

você contenha o impulso de revidar à altura, embora você tenha o direito de se defender com palavras, mas de forma educada. Antes de responder asserene sua alma e diga para você mesmo: ninguém pode me fazer sentir inferior sem o meu consentimento. Não sou uma folha ao vento, ao sabor do humor dos outros.

7 Faça o bem pensando sempre que isso é mera obrigação sua e não espere qualquer reconhecimento. Ajudar e fazer o que é certo sem depender de elogios, agradecimentos ou recompensas é sinal de humildade.

8 Seja simples, respeitoso, moderado, resignado, modesto, sereno. Viva com simplicidade e modéstia, mas não critique quem é apegado às coisas materiais. Admire os outros sem invejá-los.

9 Aceite a vontade de Deus, mas faça a sua parte.

10 Aprenda com os outros sem perder a própria identidade e conviva com as diferenças, respeitando-as. Ofereça o que há de melhor em você sem se impor a ninguém.

Seguindo esses dez passos, com o tempo, você deixará de ser orgulhoso e verá o quanto esse vício moral rouba a sua paz. Pense: o orgulhoso se contraria por nada; é dono da verdade; explode quando criticado; não aceita erros em si ou nos outros; despreza as ideias alheias; necessita ser o centro das atenções; necessita ser obedecido e se sente humilhado quando tem que obedecer; pensa que o mundo está para servi-lo; é irônico; preocupa-se demais com o que os outros vão pensar dele; necessita ser elogiado; precisa estar em evidência; ou seja, acha que tem que ser o melhor em tudo para valer alguma coisa. Uma pessoa assim facilmente se ofende, vive magoado, debaixo da ira, vive sem paz. Pense nisso! Faça sua escolha.

2ª Semana

Hábitos para uma vida saudável

Objetivo: *levar o indivíduo a entender por que está adoecendo e situá-lo como coautor de sua cura.*

TAREFA DA SEMANA – COMPREENSÃO E TOLERÂNCIA

No Brasil, nos últimos tempos, tem crescido a procura pelo tratamento espiritual em centros espíritas, igrejas evangélicas neopentecostais e em núcleos católicos da renovação carismática. Grande parte das pessoas que procuram esses tratamentos em busca de saúde física e espiritual creem estar portando uma doença causada por algum espírito malfazejo, também conhecido como demônio, obsessor ou "encosto" ou, então, que tudo é fruto da inveja dos outros ou efeito de macumba[7]. Pouca gente procura em si mesmo as causas das suas enfermidades, que poderiam ser sanadas por simples mudança de hábitos.

Antes de tudo devemos refletir sobre saúde e doença. Por que estou adoecendo? Eis a questão que necessita resposta antes da busca pelo tratamento mais adequado.

As causas de doenças se dividem didaticamente em:

Causas externas:

- Agressões por vírus, bactérias, fungos e outros germes.
- Agressões por raios ultravioletas, poluição

7 Macumba - cerimônia de origem africana acompanhada de danças e cantos ao som de tambores, praticada pelos adeptos do candomblé, que visa mobilizar os espíritos que os auxiliarão nas ações maléficas endereçadas a algum desafeto.

ambiental, agrotóxicos, cigarro, drogas, álcool e outros agentes químicos e físicos com os quais possamos estar em contato.

- Agressões causadas por acidentes variados - por imperícia, imprudência ou negligência nossa, ou prova do destino.

Causas internas:

- Predisposição genética (familiar) a determinadas enfermidades.
- Pensamentos e sentimentos desequilibrados que levam ao aumento do estresse psíquico, causando sintomas físicos e mentais provocados pelas alterações metabólicas geradas pela excessiva liberação de hormônios do estresse, tais como adrenalina e cortisol.

A título de exemplo:

Sabemos que o desenvolvimento do diabetes está associado à presença de alguns fatores genéticos que favorecem o aparecimento da doença. Mas os fatores desencadeantes da enfermidade dependem de sentimentos e comportamentos inadequados que servem de gatilho para desencadear a enfermidade, sobre os quais podemos intervir com nosso livre-arbítrio evitando a enfermidade ou minimizando sua gravidade.

A história familiar de diabetes aumenta em aproximadamente vinte por cento nossas chances de desenvolver a doença, mas são os comportamentos nocivos, sobre os quais podemos agir, que respondem pelos oitenta por cento restantes. Ou seja, se eu evitar comer açúcar em excesso, se diminuir o consumo de massas, sorvetes, doces, refrigerantes, comidas gordurosas, frituras, bebida alcoólica, etc., se mantiver meu peso dentro dos limites da normalidade, se praticar atividade física regular e mantiver meu estresse controlado, poderei jamais desenvolver a doença, embora em minha família todos a tenham desenvolvido.

Sem dúvida alguma existem as enfermidades que surgem como prova ou expiação, assim como aquelas que têm a contribuição de influências espirituais geradas pela obsessão grave.

Mas antes de culpar a Deus ou aos espíritos por sua enfermidade analise o que você pode estar fazendo que possa contribuir para que a doença apareça ou se mantenha. Procure entender que a doença, quase sempre, é um recado da vida para que você cuide melhor de si mesmo. Todos nós temos chances de evitar muitas doenças quando observamos certos preceitos de saúde, tais como:

Hábitos para uma vida física saudável

- Dormir 7 a 8 horas por noite.
- Praticar exercícios regularmente[8].
- Alimentar-se com frutas, verduras e legumes; evitar alimentos gordurosos e frituras; ingerir pouca carne vermelha, consumindo mais peixes e aves (sem a pele); evitar embutidos do tipo mortadela, salame, presunto, e

---

8 Você sabia que se praticar meia hora de exercícios por dia, você já não é mais considerado sedentário? Mas atenção: antes de se entregar a um programa de atividades físicas consulte um médico para ver suas condições cardiovasculares e ortopédicas e o médico lhe indicará qual a atividade física ideal para você.

similares; consumir alimentos e cereais integrais, pois contêm mais vitaminas e fibras que os alimentos refinados. Reduzir drasticamente a ingestão de doces, massas, sorvetes e refrigerantes.

- Abolir o uso de álcool, drogas e fumo.
- Manter o peso dentro dos valores ideais, evitando a obesidade.

Hábitos para uma vida mental saudável

- Evite guardar mágoas e ressentimentos. Perdoe as ofensas.
- Não acalente sentimentos de culpa. Perdoe a si mesmo.
- Não dê espaço para a maledicência, a inveja e o ciúme. Concentre-se em você, no seu crescimento pessoal, ame-se e não se compare com ninguém, pois não existe ninguém igual a ninguém.
- Combata o orgulho, cultivando a humildade.
- Substitua a irritabilidade e a impulsividade

pela calma e pela paciência. Treine isso diariamente quando a vida lhe fizer esperar e contrariar os seus desejos.

- Seja compreensivo e tolerante com os erros alheios, entendendo que cada pessoa está fazendo o melhor que consegue, no presente momento.
- Ore diariamente. Conecte-se com o Bem, a Luz e a Paz.
- Caminhe ao ar livre, tome sol (antes das dez e depois das dezesseis horas), medite, respire profundamente, observe a natureza, o céu, as nuvens e as estrelas. Relaxe.
- Tenha fé.
- Exerça sua sexualidade com respeito e dignidade.
- Evite a preguiça, assim como o excesso de trabalho por avareza.
- Pratique atos de solidariedade. Seja um voluntário em uma causa humanística qualquer.

Se praticarmos mais as virtudes cristãs e

evitarmos os vícios que degradam nosso corpo e nosso espírito, dificilmente adoeceremos, exceto pelo processo natural de envelhecimento dos órgãos.

Importante lembrar que nossos pensamentos são energias que emitimos e que impregnam o ambiente onde vivemos. Ao vivermos nesse ambiente viciado por nossas próprias criações mentais teremos saúde ou enfermidade, dependendo do teor dos pensamentos que emitimos e recebemos. Nossa mente funciona como TV: emitimos e recebemos sons, imagens, energia mental em forma de correntes eletromagnéticas com frequência vibratória peculiar a cada um de nós. Se emitirmos pensamentos de ódio, sintonizamos com outras mentes enfermiças, no mundo físico e no mundo espiritual, que pensam como nós.

Em nossos pensamentos e emoções estarão as chaves de nossa liberdade ou as algemas de nossa prisão. “Orai e vigiai, sempre”.

TAREFA DA SEMANA – COMPREENSÃO E TOLERÂNCIA

A tolerância é a virtude que nos mantém predispostos a respeitar as pessoas como elas são. Não necessariamente aceitar, mas suportar ou admitir que pensem, sintam e ajam de modo diferente do nosso modo de pensar, sentir e agir, sem que por esse motivo as classifiquemos como erradas e a nós como certos.

Para ser tolerante é preciso ser compreensivo e flexível para enxergar o mundo sob o ponto de vista do outro e não somente sob o ponto de vista pessoal.

O espiritismo facilita a tolerância e a compreensão na medida em que afirma que as almas são criadas por Deus simples e ignorantes e que iniciam sua jornada rumo à perfeição, necessitando para isso de muitas existências até que possam integrar todo conhecimento moral e intelectual que se espera encontrar num espírito perfeito.

Sendo assim cada ser está numa idade astral e é tão bom quanto consegue ser.

Para desenvolver a compreensão faça o seguinte: tente entender as atitudes de todas as pessoas que convivem com você baseando-se na história de vida delas. Por exemplo: se seu companheiro é frio e indiferente, procure saber como foi educado; se teve pais carinhosos ou frios e indiferentes também; se foram críticos e intolerantes; se lhe ensinaram a perdoar ou se eram (ou são) rancorosos; enfim, conhecendo a história de vida dos companheiros de jornada conseguiremos compreender seu comportamento e tolerar sua forma de ser e de viver, compreendendo que seu comportamento de hoje pode ser fruto de sua história de vida, de suas experiências mais ou menos dolorosas, caso a pessoa não consiga triunfar sobre seus problemas, pois há pessoas que superam suas dores e se tornam melhores após vivenciá-las.

Porém, ser compreensivo e tolerante não é ser conivente com o erro. Nosso compromisso na Terra inclui a autoeducação e a educação dos que convivem conosco. É dever de cada ser humano contribuir para o crescimento do seu próximo. Entretanto, munidos de tolerância e compreensão faremos as críticas necessárias com amor e respeito, não com sentimentos de rejeição e ódio. Vamos corrigir os erros que identificamos, mas com a paciência de quem semeia e sabe que entre a semeadura e a colheita leva algum tempo.

Às vezes não temos como conhecer a história de vida das pessoas. Desse modo, sempre que não concordar com um comportamento de alguém pense: todo ser humano possui uma essência divina que precisa de tempo para integrar todas as virtudes cristãs. O amor é um gérmen que produzirá seus frutos no tempo certo. Pense isso e irradie na direção dessa pessoa sua energia amorosa. Imagine: não posso conhecer toda sua história de vida, mas Deus sabe o porquê desse seu comportamento; compreendo e procuro aceitar você como você é e aguardo seu aperfeiçoamento, para o qual pretendo contribuir com meu exemplo de vida.

Proponha-se, durante essa semana:

1 Evitar fazer comentários deprimentes sobre qualquer pessoa.
2 Limitar-se a observar o comportamento dos outros e a se calar, a menos que tenha intimidade suficiente para adverti-lo, com amor, de forma discreta, jamais pública.
3 Quando identificar um defeito em alguém procure imediatamente uma qualidade.
4 Deixe de ser o dono da verdade e lembre-se que existem muitos caminhos que nos conduzem ao mesmo lugar.
5 Exercite o perdão das faltas alheias sempre dizendo a si mesmo que cada um faz o melhor que pode.
6 Quando for corrigir alguém o faça sempre em particular, jamais na frente de outras pessoas.
7 Fale o que lhe incomoda no comportamento da outra pessoa sem agredi-la de forma pessoal. Por exemplo, evite dizer "você é egoísta, burro, ignorante", etc. Vá direto ao assunto: "gostaria

> que fizesse isso para mim ou que deixe de fazer isso porque me magoa ou fere"; algo como: "quando você se atrasa e não me liga, me sinto desprezada e gostaria que me avisasse quando for se atrasar, explicando o motivo do atraso". Soa bem melhor do que "você é irresponsável, egoísta e nunca cumpre horário. Até quando vou ter que tolerar seus atrasos?".

Perceba que agindo desse modo você está mostrando que compreende que a pessoa não erra porque quer, mas porque esse é o seu jeito de ser e de se relacionar com os outros.

Tolere o fato de ser diferente de você, de ter outra educação, outros valores, mas não seja conivente com o que você julga inadequado e, com amor, a eduque para que ela tenha uma chance de aprimorar-se.

3ª Semana

Fluidoterapia: o passe e a água fluidificada

Objetivo: *levar o indivíduo a entender o alcance do tratamento espiritual e incentivar a realização da reforma moral como meio para manter-se saudável.*

Tarefa da semana: Paciência

O passe

O corpo humano é formado pela trindade: ***corpo físico, corpo espiritual e espírito.*** No corpo espiritual, também conhecido como perispírito, circulam energias que interligam o corpo físico à alma. ***É por meio desse corpo fluídico que o espí-***

rito envia comandos ao corpo físico. Os pensamentos produzidos pela alma interferem no corpo físico porque se refletem no corpo espiritual, cujas células estão justapostas ao corpo material. Pensamentos positivos, harmônicos e saudáveis geram harmonia nas energias do corpo espiritual, o que contribui para a saúde do corpo material. Ao contrário, pensamentos negativos, desarmônicos e doentios adoecem as energias do corpo espiritual, gerando doença no corpo físico.

EDUCAÇÃO EMOCIONAL

Somos dotados de uma vida afetiva, responsável por nossas emoções e sentimentos, e uma vida cognitiva, responsável pelas funções intelectuais. A vida afetiva é composta pelos afetos básicos conhecidos como amor e ódio. Desses afetos básicos derivam todas as emoções e sentimentos.

EMOÇÕES E SENTIMENTOS

Emoções são estados agudos e transitórios de humor acompanhados de reações orgânicas.

Ex.: Raiva. Quando sentimos raiva o organismo libera adrenalina, um dos hormônios do estresse, que causa aumento da frequência cardíaca e da pressão arterial, provoca contratura muscular, eriçamento dos pelos do corpo, boca seca e hiperacidez estomacal, etc.

Portanto uma situação interpretada como invasão, ofensa, dano ou prejuízo, desencadeia o afeto chamado ódio, que por sua vez libera a emoção conhecida como raiva, cuja função é preparar o indivíduo para uma reação urgente, que visa à reparação do dano ocorrido ou a interrupção da ação danosa. Portanto sentir raiva é normal, mas ela deve ser transformada em atitudes de defesa e palavras de orientação, não em violência e crueldade.

O sentimento difere da emoção por ser um estado de humor acentuado e duradouro. Ex.: mágoa e rancor.

No exemplo a que nos referimos a ofensa desencadeou o afeto chamado ódio, que liberou a emoção conhecida como raiva e se perpetuou no sentimento chamado mágoa.

A vida afetiva do ser humano provém do conjunto de sentimentos e emoções que resultam dos estímulos que recebe do ambiente onde vive e que geram prazer e desprazer. Toda situação prazerosa desperta o amor, assim como toda situação desprazerosa desperta o ódio. Logo, amor e ódio são afetos naturais de todo ser humano. Não há porque se envergonhar deles.

As emoções básicas são: medo, alegria, raiva, tristeza e amor. Indignação, revolta, irritabilidade, hostilidade, mágoa, violência e crueldade são sentimentos filhos da raiva; ansiedade, angústia, fobia e preocupação são filhos do medo; ternura, paixão, generosidade, bondade, compreensão são filhos do amor; apatia, isolamento, incapacidade de sentir prazer, desinteresse são filhos da tristeza; motivação, entusiasmo, ânimo são filhos da alegria, e assim sucessivamente.

Com esse conhecimento podemos entender porque os pensamentos causam impacto positivo ou negativo no campo energético do corpo espiritual e geram sintomas no corpo físico. O espírito interpreta a situação vivida, reagindo com amor ou ódio, transmite essa energia mental chamada pensamento ao corpo espiritual; este descarrega a energia mental no cérebro físico, que será o responsável por desencadear as reações fisiológicas correspondentes a esse pensamento, através de estímulos nervosos e descargas hormonais sobre o corpo físico.

Pensamos, sentimos e reagimos aos nossos pensamentos e sentimentos continuadamente, de forma consciente ou não. Por isso Jesus nos orienta a orar e vigiar. A oração nos conecta com a Divina Sabedoria e a vigilância implica em conhecer o teor dos próprios pensamentos e sentimentos, pois eles dirigem nossos atos e determinam nosso destino.

EM QUE O PASSE PODE NOS AJUDAR?

O passe é uma transfusão de bioenergia diretamente do corpo espiritual do passista ao corpo espiritual do paciente. Essa bioenergia é também conhecida como fluido vital ou ectoplasma. Nessa transfusão, renovam-

-se as energias do paciente que estão desequilibradas, quase sempre, por seus pensamentos desequilibrados, de acordo com os conceitos anteriormente descritos.

A transmissão de energias através do passe deve ocorrer diretamente de um indivíduo a outro. Desse modo o passe em roupas ou outros tipos de objetos pessoais não tem respaldo doutrinário. Caso a pessoa não possa vir ao centro para receber o passe é importante trazer uma garrafa com água para que seja fluidificada e levada até essa pessoa. Ao ingerir a água a pessoa se beneficiará da fluidoterapia[10], mesmo não vindo ao centro.

Existe também o passe a distância. Peça que a pessoa a ser beneficiada fique recolhida em seu quarto, preferencialmente deitada, relaxada, orando. Pode-se colocar uma música suave que auxilie o relaxamento. Peça que ela imagine Jesus e sintonize mentalmente com você, que esta-

10 Fluidoterapia - terapia através dos fluidos ou energias espirituais. Inclui o passe e a água fluidificada.

rá recebendo o passe na casa espírita e enviando as energias para ela. É interessante colocar um copo de água próximo à pessoa para que seja fluidificada pelos espíritos. Após a oração peça que ela ingira a água com fé.

Para receber o passe é importante sentar-se de forma cômoda e relaxada, própria para entrar em estado de meditação e oração. Procure fechar os olhos para concentrar-se melhor e faça uma prece pedindo a Deus que o auxilie em sua busca pelo reequilíbrio. Não se preocupe em manter as mãos espalmadas para cima ou em forma de concha, pois a energia vital será absorvida por todo o campo energético do corpo espiritual e mais intensamente por um vórtice de energia que fica no alto da cabeça, conhecido no meio espírita pelo nome de centro ou chacra coronário. Esse disco ou vórtice de energia do perispírito absorverá o fluido emanado do passista e o encaminhará para os outros chacras existentes em seu corpo espiritual. Cada chacra está ligado, no corpo físico, a um conjunto de órgãos.

Os principais chacras do corpo espiritual são[11]:

1 Coronário (no alto da cabeça), ligado à glândula pineal no corpo físico e que comanda todos os outros chacras. Através desse chacra o espírito comanda o corpo físico.

2 Cerebral (na fronte) - ligado ao córtex frontal do cérebro -, comanda todo o sistema nervoso central.

3 Laríngeo (na garganta) - ligado à glândula tireoide - comanda a própria tireoide, o sistema respiratório, a voz, o timo, as glândulas paratireoides.

4 Cardíaco (no tórax) - ligado ao coração, comanda todo o sistema circulatório;

5 Esplênico (sobre o baço) - regula as funções desse órgão e atua sobre todo o plexo mesentérico (conjunto de nervos e vasos que regulam principalmente a função intestinal).

6 Gástrico - (na região do estômago) - regula as

11 Essa imagem foi feita por colega do grupo espírita da Casa da Prece Chico Xavier.

funções digestivas, especialmente as do estômago, pâncreas, fígado, vesícula biliar.

7 Genésico - (baixo ventre) - comanda as funções dos órgãos reprodutivos.

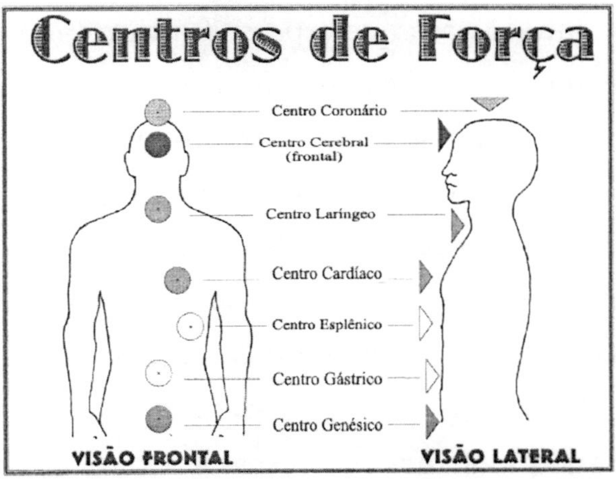

Fica mais fácil, agora, entender como o passe pode curar uma enfermidade física. A energia vital ou ectoplasma[12] doada pelo médium curador cir-

12 Ectoplasma - a energia doada pelo médium provém do plasma celular. O ectoplasma contém substâncias existentes nas células do corpo físico, tais como enxofre, nitritos, proteínas, carbono. É, portanto, uma energia semimaterial capaz de ser absorvida pelas células do corpo físico do paciente e interferir no funcionamento celular, impulsionando a restauração das células lesadas (informações obtidas no livro *Perispírito* - Zalmino Zimmermann - departamento editorial do Centro Espírita Allan Kardec de Campinas - 2ª edição).

cula pelo corpo espiritual do paciente e é absorvida pelas células do corpo físico através dos chacras, impulsionando a restauração das células doentes, restabelecendo a saúde dos órgãos enfermos.

Contudo para que o passe funcione é importante ter fé, pois é ela que atrai os fluidos do passista para que sejam absorvidos pelo paciente. Pensamentos de ironia e desconfiança repelem os fluidos e o passe não terá efeito algum. Fé e vontade firme de curar-se são elementos fundamentais para que você alcance o resultado que deseja. Há ainda a questão do merecimento para que a cura se processe. Se a doença for uma prova que visa levar ao desenvolvimento de virtudes ela automaticamente cessará assim que atingir esse objetivo. Se for uma expiação, consequência de desvios de conduta cometidos em outras existências e que causaram grandes danos energéticos no corpo espiritual, a cura somente ocorrerá quando houver o esgotamento de todas essas energias doentias que estão no corpo espiritual e que estão sendo transferidas ao corpo físico, que funciona, nesse caso, como verdadeiro exaustor. Essas energias doentias provenientes do perispírito intoxicam as células do corpo físico favorecendo o aparecimento de doenças. Parece complicado, mas não é.

Acompanhe meu raciocínio: segundo a doutrina espírita, quando morre, a alma segue para o mundo dos espíritos envolvida em seu corpo espiritual, carregando nele as marcas de seus desequilíbrios. Por exemplo, um fumante inveterado intoxica tanto o corpo físico como o corpo espiritual com a fumaça que inala. O corpo morre, mas o corpo espiritual sobrevive e retorna à pátria espiritual carregando os danos energéticos causados neste corpo sutil pelo cigarro. Na próxima reencarnação os desequilíbrios energéticos que herdou do vício do tabagismo a que a alma se entregou na existência anterior são drenados para o novo corpo físico, pois, como já disse anteriormente as células do corpo espiritual ficam justapostas às células do corpo físico. Não há como esse corpo não sofrer as influências daquele e vice-versa. Assim, esse fumante inveterado pode, numa próxima reencarnação, renascer com enfermidades respiratórias, tal como asma brônquica, por exemplo. Nesse caso, a doença permanecerá existindo enquanto houver energias desequilibradas no corpo espiritual sendo transferidas para o corpo físico. Esgotadas essas energias doentias do corpo espiritual, o corpo físico se estabiliza. A saúde se restabelece.

O corpo espiritual é feito do mesmo elemento que deu origem ao corpo físico[13], ou seja, tanto o corpo físico como o corpo espiritual são feitos a partir do fluido cósmico universal[14](elemento

---

13 A física já provou que a matéria não existe. O que conhecemos como matéria nada mais é que energia condensada. O corpo físico e o corpo espiritual são expressões de energia condensada em estados diferentes. O perispírito seria feito de matéria quintessenciada, quer dizer, aquela que tem grau de condensação tal que não é tangível (palpável) como a matéria densa do corpo físico. Mas pode vir a sê-lo em ocasiões especiais. Corpo físico e corpo espiritual provêm do fluido cósmico universal, por isso não se atinge um sem que se provoquem reações sobre o outro.

14 Fluido - Corpo cujas moléculas se encontram libertas, em estado de movimento aleatório. Fluido cósmico Universal: nome dado pelos espíritos a Allan Kardec referente ao elemento material que dá origem a todos os tipos de fluidos que existem na natureza e que ao se condensar forma a matéria, tal como a conhecemos.

primitivo que dá origem a todos os elementos materiais existentes no globo terrestre). Porém, no corpo espiritual, este fluido está num grau de condensação menor do que no corpo físico, por isso o perispírito não é tangível em seu estado normal, enquanto o corpo físico é. Sendo feito de matéria, o perispírito sofre as influências dos tóxicos materiais, do mesmo modo que o corpo físico.

Mas não nos esqueçamos de que algumas enfermidades são geradas e mantidas pelos nossos pensamentos e comportamentos doentios, para as quais o passe servirá de alívio, mas a cura somente existirá se houver mudança de tais pensamentos e comportamentos.

O passe serve para trazer harmonia física na medida em que expulsa as energias doentias que o corpo espiritual carrega, substituindo-as por energias saudáveis. Mas o passe destina-se ao tratamento coadjuvante dos males que sofremos, sejam de natureza física ou espiritual. Porém, o passe ou qualquer tipo de tratamento espiritual não substitui a medicina terrena. Alie sempre o tratamento espiritual ao tratamento médico ou psicológico que venha fazendo.

Se você estiver sentindo-se bem não há necessidade de tomar passes, do mesmo modo que ninguém toma remédios sem que tenha necessidade deles.

A ÁGUA FLUIDIFICADA

A água é um bom veículo para receber e fixar os fluidos espirituais e magnéticos. Você pode trazer ao centro água para ser fluidificada. Ideal trazer uma quantidade suficiente para que você possa ingerir uma pequena porção todos os dias, ao acordar e ao deitar. Pequenas quantidades ingeridas com fé farão verdadeiros "milagres" em sua vida.

Acostume-se a acordar pela manhã, fazer uma prece, ler uma pequena página de conteúdo evangélico e, em seguida, tome um gole de água fluida.

Repita esse procedimento ao deitar e a qualquer hora do dia se estiver se sentindo desequilibrado. Durante o sono nosso espírito se liberta da clausura da carne e parte livre para o mundo espiritual, para reencontrar amigos e parentes, matar as saudades, trabalhar, estudar, preparar-se para as provações etc. Por isso é importante preparar-se para esse sublime momento antes de deitar. A falta de preparo para o sono nos conduz, muitas vezes, à companhia de espíritos irresponsáveis, brincalhões e zombeteiros, que nos fazem perder a oportunidade de evoluir e aprender algo de bom durante o repouso do corpo físico.

É possível fluidificar a água em casa também. Separe um recipiente limpo e coloque nele água potável. Faça uma prece e peça a Deus que deposite nessa água os fluidos que você precisa para sentir-se bem. Aguarde alguns minutos em oração e ingira com fé esse verdadeiro medicamento. Faça isso para você e para os seus familiares também. Não se esqueça de orar com fé e amor. Experimente e verá o quanto é bom orar pelos outros e desejar-lhes paz e saúde.

O passe e a água fluidificada restauram o equilíbrio do organismo, mas para que esse equilíbrio se mantenha você precisa cultivar diariamente a vigilância mental evitando irar-se por nada, ser impaciente e intolerante, cultivar mágoa, ciúme, inveja, ou qualquer outro sentimento negativo, pois isso causa enfermidade. Não se esqueça de realizar uma vez por semana o Evangelho no Lar para manter sua casa protegida do assédio dos maus espíritos e para auxiliar a renovação mental de toda a família.

Fé, vontade firme de curar-se e merecimento formam a base para a cura no tratamento espiritual.

TAREFA DA SEMANA – PACIÊNCIA

Quando se fala em paciência a primeira coisa que vem à cabeça é a imagem de uma pessoa calma em meio a um ambiente turbulento. Além de calmo, o indivíduo paciente é delicado, cortês, bondoso, meigo, terno, sereno e pacífico. Portanto a paciência sempre vem aliada à afabilidade, à doçura e à mansuetude.

Entretanto paciência, ao contrário do que muitos pensam, não é uma virtude passiva que tudo aceita sem reclamar, que não se esforça para mudar o que precisa ser mudado. Ao contrário, a paciência é uma virtude ativa que faz o indivíduo lutar pelas mudanças necessárias, porém sem desespero, sem revolta e inconformação. Não há grosseria, irritação, não há tumulto, apenas uma calma contagiante própria de quem tem certeza que vai atingir seu objetivo no tempo certo. O indivíduo paciente sabe que não existem atraso nem adiantamento nas coisas de Deus, tudo acontece no tempo certo.

A paciência se revela na calma para solucionar todos os conflitos. Para desenvolver a paciência procure agir assim:

1 Quando tudo ameace desabar sobre sua cabeça respire fundo e diga a si mesmo "relaxe".

Repita esse exercício quantas vezes forem necessárias até você sentir que os músculos estão relaxados, os batimentos cardíacos estão normalizados e a respiração não está acelerada. Se for possível, lave o rosto, beba um copo de água, caminhe e só retorne ao ambiente conturbado quando você estiver mais calmo.

2 Se houver pessoas em contenda ou alguém se dirigir a você de forma hostil pense: "eu não lhe dou o poder de determinar o meu humor e destruir a minha paz; eu me isolo emocionalmente de você neste momento"; respire e relaxe, depois fale com calma, exponha seus pontos de vista com serenidade. Lembre-se que o grito é o melhor argumento de quem não tem razão. Se a pessoa insistir em discutir, se cale e diga: "quando você estiver mais calmo, conversamos".

3 Se alguém marcou com você e se atrasou, antes de irritar-se pense que a pessoa pode ter motivos razoáveis para se atrasar. Aguarde com serenidade. Tenha sempre um livro às

mãos e aproveite para ler algo instrutivo que lhe enriqueça. Quando a pessoa chegar pergunte por que se atrasou e, se julgar necessário, peça que da próxima vez ela seja mais pontual explicando que incomoda muito você ter que esperar. Mas não se esqueça de que esse é um teste para que você desenvolva a paciência. Afinal, se todos atenderem você na hora que você quer, como você vai desenvolver essa virtude?

4 Fale sempre em tom de voz baixo, mesmo quando dá ordens. Seja educado e respeitoso, especialmente quando vai corrigir um defeito de alguém sob sua responsabilidade.

5 Dê passagem para alguém que se apresente aflito e apressado, especialmente no trânsito. Seja tolerante com as pessoas que têm dificuldade de entender suas instruções e as repita quantas vezes forem necessárias, sem alterar o tom de voz.

Insista, não é fácil ser paciente, mas é necessário para que você seja líder de si mesmo. Não é por acaso que esse livro orienta o aprendizado da humildade, da tolerância e da compreensão antes de iniciar o treino da paciência.

4ª Semana

Combatendo a síndrome do "encosto"

***Objetivo:** explicar a obsessão e como combatê-la*

TAREFA DA SEMANA – VIGILÂNCIA E ORAÇÃO

É bastante difundida a crença na ação dos espíritos malfazejos sobre a humanidade. Há quem atribua aos espíritos toda e qualquer enfermidade, dificuldades de relacionamento no lar, brigas conjugais, desemprego, alcoolismo, etc.

Sem querer ofender quem quer que professe tal crença, preciso é que se reflita sobre a real possibilidade da ação dos espíritos sobre nós, com o devido cuidado de não dar a eles poderes que não possuem.

Quando passamos a acreditar que os espíritos inferiores têm poderes especiais e que estamos à mercê de macumbeiros e coisa do tipo, passamos a utilizá-los para justificar os fracassos que existem em nossas vidas e que ocorrem quase sempre por ignorância, fraqueza moral ou falta de coragem de nossa parte.

É preciso combater o que denomino de "síndrome do encosto" para que possamos assumir o controle de nossas vidas, deixando de lado o terrível hábito de permitirmos que pessoas, sejam elas encarnadas ou desencarnadas, conduzam nossas vidas. É nosso dever assumirmos definitivamente nosso destino, tornando-nos responsáveis pelo aperfeiçoamento moral e intelectual que se espera de nós.

Quantas pessoas vêm à casa espírita em busca de solução para seus conflitos familiares, crendo que maus espíritos estão jogando um contra o outro, mas o que vemos é que naquela casa não há respeito mútuo, não falam, apenas gritam e não raramente se agridem fisicamente. Sobra intolerância, impaciência e impulsividade; todos querem ter razão.

Não nego que os espíritos inferiores estendam sua ação sobre nós, mas afirmo que o poder que eles têm é o poder que a eles oferecemos. No caso dessa família, a título de exemplo, as portas do lar estão escancaradas aos maus espíritos que se comprazem com as contendas e se deliciam em fomentar a discórdia. Pense comigo: de que adianta expulsar os espíritos que lá estão? Seria o mesmo que espantar as moscas que estão sobre uma ferida aberta exalando a podridão. Mais proveitoso seria curar a ferida porque as moscas irão embora, naturalmente. No caso em questão, evangelizar essa família levaria a libertação de todos.

O espiritismo nos explica que os espíritos agem sobre nós através dos fios invisíveis do pensamento, que sintonizam com nossa mente, entrando em nossa faixa vibratória mental. Se nos acostumarmos a pensar no bem e no amor, se agirmos com tolerância, compreensão, paciência, enfim, se nossos pensamentos refletirem o Cristo em nós, os espíritos inferiores não terão acesso à nossa casa mental. Se, ao contrário, nossos pensamentos habituais girarem em torno do ódio, da vingança, da mágoa e do ressentimento, do ciúme, da inveja, da intolerância e da impaciência, muito provavelmente eles comungarão conosco dessa forma de pensar e agir e, desse modo, enviando pensamentos de igual teor em nossa direção, vibraremos com tal similaridade de ondas mentais que seremos um só pensamento na direção de nossa bancarrota espiritual. Viveremos teleguiados por eles numa simbiose tão intensa que eles conseguirão dirigir nossa vida. Sem perceber, acataremos suas sugestões mentais acreditando que as ideias partem de nós mesmos e faremos todas as suas vontades. A esse fenômeno de ação persistente e maléfica de um espírito sobre outro, denomina-se obsessão.

As causas da obsessão são quase sempre vingança que alguns espíritos exercem sobre um ou mais elementos da família, devido a desentendimento, maldade e algumas vezes a crimes cometidos por esses elementos nesta ou em vidas passadas e que ainda não foram justiçados ao gosto das vítimas de ontem, que agora se tornam algozes. Nesses casos, a modificação moral dos culpados e sua persistente ação no bem ajudam a convencer os cobradores e justiceiros a abandonarem suas vítimas e aceitarem a ajuda que as equipes socorristas lhes oferecem. Se eles encontram os algozes de ontem cometendo as mesmas iniquidades das quais foram vítimas, muito dificilmente se afastarão até vingarem-se. Deus permite a presença desses espíritos para que eles sirvam de reeducadores das almas infratoras que, sob o aguilhão daqueles, são obrigadas a promover a modificação de sua conduta inadequada.

Outras causas de obsessão são o prazer de fazer o mal que alguns espíritos sentem, por inveja da felicidade dos bons ou por oposição sistemática ao bem. Há também a obsessão por afinidade de gostos - muito comum entre usuários de drogas e álcool, ou compulsivos por sexo, jogo, comida, etc. Nesses casos, espíritos que tinham esses hábitos nocivos quando vivos induzem as vítimas a se submeterem a seus desejos para através delas se satisfazerem e continuar gozando dos prazeres materiais, mesmo depois de desencarnados[15]. A vítima se compraz nesses desregramentos, assim como os espíritos, criando perfeita simbiose entre os dois, o que dificulta a libertação da mesma.

Para livrar-se da obsessão o Cristo nos deixou a mensagem: "orai e vigiai". A oração estabelece um canal direto com Deus, onde buscaremos sublimes inspirações para o bem, enquanto a vi-

---

15 **Desencarnados** - o espiritismo não costuma dizer mortos, mas desencarnados, porque entende que a alma, no momento da morte, se despe do corpo material, sai da carne, mas não morre, porque é imortal.

gilância constante do que pensamos e sentimos fará com que nós rebatamos os pensamentos maus que nos são sugeridos por eles e que sintonizemos com os mensageiros da luz e da paz.

Além da oração e da vigilância mental aconselhamos o trabalho na caridade, pois a mente que se ocupa com o bem recebe o amparo e o auxílio dos benfeitores espirituais. Rodeado de bons espíritos, que se aliam a cada um de nós nos momentos em que nos dedicamos ao bem, naturalmente os maus espíritos fugirão da nossa companhia, pois, quando se acende uma luz, as trevas se dissipam.

Manter a mente saneada pelos bons pensamentos e o coração repleto de bons sentimentos é a garantia para manter os obsessores distantes de nossa casa mental.

Com fé e confiança em Deus, tendo a certeza de que Sua mão invisível direciona nossos passos para que encontremos o caminho do aperfeiçoamento moral e intelectual, seguiremos em paz.

Nos casos em que o passe, a água fluidificada, a renovação mental através da reforma moral dos envolvidos e o Evangelho no Lar não resolvam o problema faz-se necessária a intervenção de terceiros, mais moralizados que o grupo de obsessores e obsidiados, para tentar estabelecer a concórdia entre os contendores. É o que se faz nas reuniões de desobsessão, quando médiuns e doutrinadores se reúnem para orar pelas vítimas e dialogar com os algozes, tentando a libertação de todos os envolvidos[16].

A obsessão prolongada pode gerar danos à saúde física e mental da vítima sendo necessário o acompanhamento médico e psicológico além do tratamento espiritual.

Manter a mente saneada pelos bons pensamentos e o coração repleto de bons sentimentos é a garantia para manter os obsessores distantes de nossa casa mental.

---

16 Na prática, sempre fazemos a desobsessão e estimulamos o paciente a receber o passe, a água fluidificada e a participar de grupos de estudo para a reforma moral.

TAREFA DA SEMANA – ORAÇÃO E VIGILÂNCIA

Vigiar significa observar atentamente, estar de sentinela. Mas, vigiar o quê? A quem? A resposta é: a nós mesmos, aos nossos pensamentos, sentimentos e atitudes. Descobrir quem somos. Saber o que precisa ser modificado para que encontremos a paz. Tornar consciente o que nos causa alegria, tristeza, medo, raiva e o que desperta o amor em nós. Essas são as emoções básicas de todo ser humano e que muitas vezes não identificamos. Identificar emoções é reconhecê-las no momento em que emergem de nosso ser. Quase sempre agimos por impulso, movidos pela raiva ou pelo medo, sem percebermos.

Por exemplo: estou dirigindo numa rua preferencial quando, de repente, um motorista desatento atravessa intempestivamente a rua e quase choca seu veículo com o meu. Num ataque de fúria saio no encalço do motorista e inicio uma discussão violenta. O veículo para e continuamos discutindo até partirmos para a agressão física que acaba dentro de uma delegacia.

Como aplicar a vigilância numa ocasião dessas? No exato momento em que o motorista atravessou a rua e eu me senti tomada de ira, tenho que imediatamente identificar esse sentimento. Basta que eu diga: o que estou sentindo agora é raiva. Ao emitir esse pensamento o córtex frontal, responsável pelo pensamento racional, passa a controlar a situação e a inibir conscientemente a impulsividade, se eu desejar. E eu desejo, porque não quero mais ser refém das minhas emoções. Identificada a raiva, passo a pensar sobre o porquê de tanta ira. Que significa para mim a atitude desse motorista. Por que estou com tanta raiva? Talvez tenha interpretado a atitude dele como uma afronta, um desafio, um desrespeito à minha pessoa. Mas talvez ele seja apenas desatento mesmo e não tenha feito isso para me provocar. Eu é que estou interpretando a situação de forma distorcida e levando para o lado pessoal uma situação corriqueira e sem a menor importância, pois nada de grave aconteceu. Elevo o pensamento a Deus e agradeço a proteção divina que evitou o pior. Pronto! Em questão de segundos tudo está bem e a calma me invade outra vez. Isso é vigilância. Observe o processo:

Sentimento:

O que estou sentindo?

Raiva.

Pensamento:

Qual a interpretação que estou dando a esse fato? Qual o significado da atitude dele para mim?

Que fui ofendida, afrontada, desrespeitada.

Ação:

Decido não permitir que ninguém roube a minha paz. Escolho não me envolver em contendas. Se ele quer viver atribulado, eu quero viver em paz.

Vigiar é estar atento, velar, ficar de sentinela. Lembre-se: as grandes tragédias acontecem porque sentimos e agimos, sem pensar. Devemos sentir, pensar e agir. Pensar significa analisar, fazer escolhas conscientes, decidir o próprio destino e não viver como uma folha ao vento, ao sabor das emoções alheias.

Orar é elevar o pensamento a Deus, buscando inspiração para agir sempre dentro da lei do amor.

No exemplo acima, eu não poderia evitar que um motorista invigilante atravessasse o meu caminho, mas poderia evitar a perseguição a ele, a discussão a que nos entregamos e a agressão que permutamos, assim como a ida à delegacia. Tudo isso foi escolha minha, devido a minha impulsividade. Senti e agi, não pensei nas consequências.

Obs: Respirar, contar até dez, lavar o rosto e caminhar ajudam a dissipar a raiva. Use isso a seu favor e nunca tome atitudes de "cabeça quente".

Treine essa semana. Sempre que perceber seu humor mudando pergunte a si mesmo: o que estou sentindo? Raiva, medo, alegria, tristeza, ansiedade? Pense: o que estava passando pela sua cabeça antes de se sentir assim? Que situação desencadeou esse sentimento? Talvez você consiga identificar um pensamento distorcido, tal como aquele do exemplo citado quando atitudes de invigilância e distração foram interpretadas como ofensa. Caso identifique o pensamento que gerou aquela emoção tente encontrar pensamentos alternativos, tais como no exemplo anterior: será que o motorista teve a intenção de me desrespeitar e desafiar ou será que estava apenas distraído? A hipótese de que foi pura distração é melhor que a hipótese de foi proposital. Fique com a primeira, pois não importa o que aconteceu de verdade, nesse caso, o que importa é que você não se deixe perturbar por situações externas corriqueiras como essa e que tiram a paz de muita gente. Lembre-se de que você quer ser líder de si mesmo.

Insista nesse treinamento e aos poucos você conhecerá seus pensamentos habituais, conhecerá suas emoções e como reage a elas, podendo conscientemente mudar o que acha que precisa ser mudado visando seu bem-estar e o bem-estar dos que convivem com você. E não se esqueça de orar. Quando Jesus era alvejado de perguntas por parte de seus perseguidores ele nunca respondia impulsivamente. Olhava firmemente nos olhos dos seus interlocutores e depois de uma fração de segundos respondia calmamente. Nessa fração de segundos, creio que buscava a inspiração divina através de uma prece silenciosa endereçada ao Pai. Façamos o mesmo.

5ª Semana

Ame-se e cure a sua vida

Objetivo: *levar o indivíduo ao desenvolvimento da autoestima.*

Tarefa da semana – Abnegação e renúncia

Autoestima é o conjunto de valores que damos a nós mesmos. Inclui autoamor, autorrespeito, autoconfiança e autoaceitação.

Muita gente pensa que amar a si mesmo é egoísmo porque não sabe que ser egoísta é colocar-se em primeiro lugar em tudo, esquecer os demais, pensar e agir visando somente o próprio bem-estar, em detrimento do bem-estar alheio.

O egoísta não mede esforços para ser feliz mesmo que tenha que passar por cima das necessidades alheias, causando-lhes infelicidade. Mas é importante entender que o egoísta não é necessariamente mau, e sim um ser ignorante, de costumes primitivos.

Lembremos que, segundo a doutrina espírita, Deus nos criou simples e ignorantes acerca do bem ou do mal, para permitir que nos desenvolvêssemos de forma gradativa até atingirmos a perfeição espiritual, quando reuniremos conhecimentos intelectuais e virtudes plenas. Por isso encontramos nesse mundo criaturas que se encontram um pouco à frente ou um pouco atrás em matéria de evolução moral-intelectual. Cada ser está num grau de evolução, de acordo com sua idade astral.

Todos nós passamos, ou estamos passando, pela fase da ignorância na qual o egoísmo é natural, porque faz parte dos ciclos iniciais do desenvolvimento espiritual.

É natural que desenvolvamos inicialmente o amor egoísta que busca se satisfazer sempre; posteriormente passamos a amar e a procurar satisfazer as necessidades dos que amamos e que se encontram em nosso ciclo familiar. Depois, mais evoluídos, entendemos que não dá para ser feliz testemunhando passivamente a dor dos que nos cercam. Nessa fase passamos a nos preocupar com a felicidade da comunidade e passamos a nos dedicar a trabalhos voluntários. O próximo passo será nos esforçarmos para proporcionarmos a felicidade da humanidade como um todo, enxergando nela nossa família universal.

Mas para amar ao próximo precisamos nos amar. Por isso Jesus proferiu a célebre frase "Ama a teu próximo como a ti mesmo". Quem se ama satisfaz suas necessidades físicas, psíquicas e espirituais, jamais permitindo que seus direitos sejam violados. Com suas necessidades plenamente satisfeitas o ser se sente feliz e pode então satisfazer as necessidades de seu próximo, proporcionando sua felicidade também. Mas atenção: satisfazer necessidades não é satisfazer vontades. Quem satisfaz todas as vontades de alguém se torna escravo dele. Quem busca satisfazer todas as próprias vontades escraviza o outro. Lembre-se disso!

Entre as necessidades básicas de todo ser humano, segundo a escala de Maslow, estão: necessidades fisiológicas, necessidade de segurança e proteção, necessidade de ser amado e respeitado, necessidade de autoestima e autorrealização.

A baixa autoestima faz o indivíduo se sentir inadequado, feio, frustrado, incapaz, não amado. Frequentemente o indivíduo com baixa autoestima tem sentimentos gratuitos de culpa, levando-o a uma resignação exagerada, tornando-o vítima da exploração alheia.

Quem sofre de baixa autoestima pode se apresentar tímido, inseguro, retraído, ansioso e se sobrecarrega por não conseguir dizer não, geralmente por medo da rejeição e do abandono. Com isso sofre calado, se magoa facilmente.

Quem não se ama sente ciúmes e inveja com facilidade, pois não crê ser amado e não crê na própria capacidade de vencer e conquistar o que deseja ou necessita. "Se eu não gosto e não acredito em mim, como é que alguém vai crer e gostar?"

Outros indivíduos portadores de complexos de inferioridade e baixa autoestima adotam uma postura autoritária e de falsa superioridade para camuflar a insegurança interior. São pessoas críticas, intolerantes e orgulhosas que adoram massacrar os demais. Não se iluda com a aparente autoconfiança delas. Essa arrogância serve apenas para compensar o sentimento de se sentir insignificante. Quem tem boa autoestima é humilde, compreensivo, tolerante, sereno, paciente e estimula o crescimento de todos à sua volta porque não teme concorrência, críticas e comparações.

A baixa autoestima é uma das causas psíquicas que favorecem quadros depressivos e ansiosos.

Não tenha pena de si mesmo. Não se sinta incapaz. Pense que você tem potencial para vencer todos os obstáculos. Creia em si mesmo.

PENSAMENTOS DA SEMANA:

1 Não sou melhor nem pior que os outros, apenas diferente, porque estamos em graus de evolução diferentes.

2 Sou capaz de encontrar novos relacionamentos e não devo temer o abandono e a rejeição.

3 Ninguém é obrigado a gostar de mim, mas deve me respeitar.

4 Devo fazer as coisas porque gosto, não somente com o objetivo de agradar aos outros.

5 Quem diz muito sim aos outros, diz muito não a si mesmo. Não terei medo de dizer: Não posso! Não gosto! Não quero! O sim e o não fazem parte da vida, assim como o bonito e o feio, o saudável e o doente, a noite e o dia, etc.

6 Sou capaz de tomar decisões e sempre escolho o melhor de acordo com meu grau de evolução, no momento da escolha.

7 Não devo me magoar com as críticas, e sim usá-las a favor do meu aperfeiçoamento. Obs.: muitas pessoas que nos criticam frequentemente têm os mesmos defeitos que nós (veem

o cisco em nosso olho e não enxergam a trave que há em seus olhos, como dizia Jesus[17]).

Jesus disse "Ama a teu próximo como a ti mesmo" porque sabia que quem se ama satisfaz suas necessidades físicas, psíquicas e espirituais, jamais permitindo que seus direitos sejam violados.

TAREFA DA SEMANA – ABNEGAÇÃO E RENÚNCIA

O devotamento é a dedicação com sentimento de amor profundo a uma causa ou a uma criatura. A abnegação implica no desinteresse, na renúncia e no sacrifício voluntário dos interesses pessoais em prol de uma causa ou de uma criatura.

Pessoas devotadas e abnegadas fazem o bem por impulso natural e espontâneo, por hábito, sem esforço.

---

17 Muitos dos conceitos aqui referidos foram extraídos do livro - *Renovando atitudes* - Francisco do Espírito Santo - espírito - Hammed. Vale a pena conhecer a coleção *Dores da alma, Prazeres da alma* e *Renovando atitudes* do autor acima citado, publicados pela Editora Boa Nova.

Atingir esse patamar de fazer o bem pelo prazer de fazê-lo e não para receber qualquer tipo de retribuição nos faz livres da dor provocada pela ingratidão.

Para desenvolver a abnegação e a renúncia:

1 Antes de agir pense: quais a intenções que estão por trás dessa minha atitude? Há algum interesse ou vantagem pessoal com o bem que vou fazer? Quero ser vista como boa pessoa, reconhecida como alguém especial? Quero fazer o bem para que um dia, se precisar, façam por mim também? Se a resposta a qualquer dessas perguntas for sim, cuidado! Não se esqueça de que há o risco de você sofrer ingratidão e isso servirá como um teste para sua persistência em continuar agindo no bem.

2 Escolha fazer algo que seja interessante para as pessoas que você ama ou conhece, mesmo contrariando seus interesses. Por exemplo, se seu ente querido deseja ir ao cinema ou a um determina-

do restaurante que não lhe agrada, experimente ir para fazê-lo feliz e diga a ele que você não tem vontade ou interesse nesse filme ou nesse tipo de restaurante, mas que irá para agradá-lo. Isso faz com que você aprenda a renunciar para o bem e a felicidade do outro e estará ensinando a essa pessoa a fazer o mesmo por você e aos outros. Isso contribui para a diminuição do egoísmo natural em todos nós e para o desenvolvimento do verdadeiro amor ao próximo.

3 Porém tenha o cuidado de não fazer todas as vontades das pessoas à sua volta porque desse modo estará estimulando o egoísmo nelas. Ensine-as a renunciar também de vez em quando. Lembre-se que a diferença entre o medicamento e o veneno quase sempre é a dose. Por isso tempere sua vida com o sim e o não.

4 Tenha sempre em mente que amar uma pessoa é satisfazer suas necessidades e não suas vontades, porque isso a tornaria arrogante, autoritária e egocêntrica e a você, um mero escravo. Lembre-se de que uma das necessi-

dades das pessoas que amamos é aprender a lidar com a frustração gerada pelo não.

5 Não renuncie a uma necessidade sua, somente às suas vontades. Se para satisfazer uma vontade de alguém você precisar contrariar uma necessidade sua, recuse-se, isso é anulação, não abnegação.

6 Abnegação e renúncia não é a negação de seus próprios sentimentos. Não se violente para agradar aos outros, pois isso é sinal de baixa autoestima. Essas virtudes implicam em renunciar e negar a si mesmo por amor, ou seja, por um imenso prazer em fazer alguém que amamos feliz. Não é algo que faremos o tempo todo, mas em situações especiais. Abrir mão de um prazer em prol de alguém que amamos é fascinante e prazeroso, mas anular-se para viver somente a vida dos outros ou fazer somente o que os outros querem, seja por medo ou submissão, indica falta de valorização pessoal. Tenha equilíbrio!

6ª Semana

Se a mágoa aprisiona, o perdão liberta

Objetivo: *levar o indivíduo a entender a dinâmica do perdão como forma de libertação do sofrimento.*

Tarefa da semana – Misericórdia, piedade e indulgência

Mágoa é a dor ou o desgosto causado por uma ofensa. Ressentimento é a lembrança constante daquilo que nos magoou e que nos leva a ressentir a dor que a ofensa nos causou, como se estivéssemos sofrendo novamente a agressão. O ressentimento gera o rancor, fruto do ódio contido que acaba nos corroendo por dentro, assim como "um ácido corrói o frasco que o contém".

O que precisamos entender é que ninguém é capaz de nos magoar ou de nos fazer sentir inferior sem o nosso consentimento.

Uma pessoa só consegue nos ofender se nós encararmos a agressão como ofensa. Para entender melhor o que quero dizer acompanhe meu raciocínio: por exemplo, se você for mal atendido(a) por um garçom em um restaurante poderá ficar magoado(a) com ele. Poderá emitir pensamentos tais como: "Não volto mais aqui! Quem ele pensa que é para me tratar assim? Graças a mim e aos outros clientes é que ele tem garantido seu emprego! Vou dar queixa ao gerente etc".

Mas, imagine que o gerente tenha percebido a má ação do funcionário e venha ao seu encontro pedindo desculpas em nome do funcionário ou do restaurante. Se ele, por exemplo, lhe explicar que o garçom mal-humorado perdeu um filho recentemente, que está profundamente deprimido, revoltado com a tragédia que viveu; que se sente culpado pela morte do filho, enfim, que sua atitude não tem nada a ver com você, mas reflete apenas a dor da alma dele e que o dono do estabelecimento não o dispensou do trabalho fornecendo-lhe dias de folga porque imaginou que trabalhando ele esqueceria um pouco sua dor. Após essa explicação é possível que você perdoe o gesto hostil do funcionário e que sua mágoa se dissipe, sendo substituída por um sentimento de compaixão para com ele.

Perceba que a situação não mudou. Você foi ofendido, maltratado, agredido pela atitude desrespeitosa do garçom. No primeiro momento você se ofendeu. Posteriormente a dor da ofensa se dissipou porque entrou em ação a compaixão gerada pela compreensão da atitude do garçom. A explicação dada pelo gerente aliviou sua raiva e um sentimento de amor ocupou o lugar dela. Perceba que embora a ofensa tenha ocorrido você não a interpretou como tal porque a compreensão fez com que você entendesse o comportamento do ofensor, diluindo a mágoa e preparando você para o perdão. Portando o problema não está na ofensa, mas na forma como nós a encaramos e como nos permitimos ser atingidos por ela. Note que a compreensão, filha do amor, o capacitou ao perdão. Portanto, o perdão tem a ver com compreensão e não com esquecimento da ofensa.

O ressentimento nasce da interpretação
subjetiva de ter sido ofendido, de ser a vítima inocente
e significa a impossibilidade de
esquecer uma ofensa geralmente porque,
por inibição ou medo, o magoado não se
permitiu responder à altura da ofensa que julgou
receber e arquiva a raiva que não pôde expressar e a
projeta no outro acusando-o
para que ele se sinta culpado e punido.

Diante das ofensas pense: aquele que ofende está refletindo seu próprio estado desequilibrado de espírito e cabe ao ofendido não entrar nesse jogo, do qual todos saem perdedores. Se ele, o ofensor, escolheu destilar vinagre e fel através de suas palavras e atitudes, você pode escolher absorver esse veneno da alma desfechado por ele ou pode simplesmente se compadecer de seu desequilíbrio e escolher viver em paz, mantendo-se distante, psicológica e fisicamente, dele.

Perdoar não é ser conivente com os erros alheios, nem aceitar de forma passiva abusos, agressões, manipulações e desrespeito aos nossos direitos e limites. Não é apoiar comportamentos que nos tragam dores físicas ou morais. Não é esquecer a ofensa, mas reeditar o filme da memória, pensando sobre tudo o que aconteceu, retirando dessa situação um aprendizado. O perdão não é um momento mágico, mas um processo psicológico que se inicia na reflexão em torno da ofensa, buscando as causas do desentendimento para compreender os fatos, evitando que essa situação possa se repetir e culmina numa escolha: ser livre e não ser controlado pelo humor do outro.

Muitas vezes nos ofendemos com o que os outros dizem ou pensam a nosso respeito. Porém precisamos entender que a pessoa emite uma opinião pessoal baseada num código moral que existe dentro dela e que reflete o que ela pensa, sente e entende, mas isso pode não corresponder à verdade sobre nós. Tudo não passa de uma opinião pessoal e, na maior parte das vezes, a pessoa nem tinha a intenção de nos ferir. Do mesmo modo, se eu olho um quadro e digo que ele é bonito e outra pessoa olha esse mesmo quadro e o acha feio, o quadro não tem culpa alguma pelas opiniões divergentes que recebe, ele continua sendo apenas o mesmo quadro. O fato de alguém o achar feio não o torna mais feio, assim como o fato de dizerem que ele é bonito não o torna mais bonito.

É verdade que em algumas situações o ofensor age com maldade e quer nos atingir propositadamente. Mas ainda assim vale lembrar que não temos o controle sobre o que os outros pensam ou falam sobre nós, mas podemos decidir o que vamos fazer com o que os outros pensam e falam ao nosso respeito. Nunca se esqueça de que o ofensor é um espírito doente que espalha a dor e o sofrimento ao redor de si e que cabe a cada um de nós anular o mal que vem dele, envolvendo-o no manto da compaixão, filha da compreensão. Escolha sempre ser feliz e livre-se dos pesos inúteis da mágoa.

Lembre-se que perdoar não é esquecer a ofensa, mas continuar vivendo após ter sido ofendido e não permitir que a mente gravite em torno do ocorrido, arrastando para sempre a dor gerada pela ofensa, tornando a vida após a ofensa um verdadeiro calvário de dor e sofrimento. Não dá para impedir que a ofensa ocorra, mas é possível diluir seu potencial destrutivo usando a força do amor, especialmente o amor a si mesmo, recusando-se a carregar pesos inúteis tais como ressentimento e rancor. Caso contrário, o ofensor terá conseguido o que queria: roubar a nossa paz.

Dalai Lama diz que "perdoar é adotar medidas de defesa de forma a conter o agressor para que ele não continue nos ferindo. Contudo, essa atitude defensiva deve basear-se num sentimento de compaixão e não de ódio, pois a finalidade é educar quem nos ofende para que ele não continue nos ferindo[18]". Devolver a agressão é simplesmente vingar-se e colocar-se no mesmo patamar do ofensor.

O perdão liberta quem foi ofendido, enquanto o ressentimento algema o ofendido ao seu ofensor. Quem não perdoa dorme e acorda com seu inimigo; almoça, janta e trabalha o dia todo com ele, pois o carrega em seu coração diariamente, às vezes, a vida toda; outras vezes, através de existências sucessivas. Pense nisso!

Depois de pensar sobre a ofensa sofrida e tentar entender as razões de tudo o que aconteceu; depois de mobilizar a compreensão e desenvolver a compaixão pela pessoa que vive mergulhada no mal faça uma escolha: permanecer

---

18 *A arte da felicidade* - Dalai Lama - Livraria Martins Fontes Editora.

ao contato dela ou afastar-se do convívio dessa pessoa problema? Investir nesse relacionamento buscando o diálogo educativo com essa pessoa ou simplesmente desistir de educá-la porque seria inútil tentar? Seja o que for que você decidir, não carregue essa dor com você. Ame-se o suficiente para perdoar e se libertar do sofrimento.

TÉCNICA PARA APRENDER A PERDOAR

1 Escolha um momento do dia para deitar-se relaxado.

2 Pense detalhadamente na situação que lhe causou mágoa.

3 Pergunte-se em que você pode ter contribuído para que a situação chegasse ao ponto que chegou. Alguma palavra, gesto ou olhar seu pode ter desencadeado a resposta agressiva daquele que lhe magoou? Se tudo começou em você pense em pedir perdão. Se não for, melhor, você está livre e ele, seu ofensor, não.

4 Tente entender o modo como seu ofensor vê o mundo. Como foi criado, educado. Que expe-

riências vivenciou e que podem ter contribuído para que ele fosse tão hostil. Lembre-se que mobilizando a compreensão e a compaixão ficará mais fácil perdoar.

5 Pergunte-se se ele teve a intenção de lhe magoar ou se é uma pessoa naturalmente problemática que trata todo mundo como lhe tratou. Amplie sua tolerância.

6 Ore por ele para não permanecer na mesma faixa vibratória do pensamento dele. Não fique guerreando mentalmente com ele. Toda vez que ele lhe vier ao pensamento desvie sua atenção. Diga firmemente que você se recusa a ser refém da maldade alheia, que anseia por ser livre e que tem o direito de ser feliz. Liberte-se!

7 Imagine um rio de águas cristalinas. Coloque sua dor num pacote e jogue nesse rio de águas calmas. Visualize esse pacote que carrega a sua dor indo embora, perca-o de vista.

8 Mantenha distância psicológica de quem o ofendeu e fique em paz.

Perdoar é adotar medidas de defesa de forma a conter o agressor para que ele não continue nos ferindo. Contudo, essa atitude defensiva deve basear-se num sentimento de compaixão e não de ódio, pois a finalidade é educar quem nos ofende para que ele não continue nos ferindo. Só consegue fazer isso quem compreende que as pessoas erram porque são mais imperfeitas do que más.

TAREFA DA SEMANA – MISERICÓRDIA, PIEDADE E INDULGÊNCIA

Ser misericordioso é ser capaz de esquecer[19] e perdoar as ofensas recebidas. É uma virtude própria das pessoas pacíficas, tolerantes, compreensivas e humildes. A misericórdia exige um estado mental de constante piedade e indulgên-

19 Ninguém esquece uma ofensa. Esquecer aqui tem o sentido de não carregar consigo pensamentos obsessivos em torno do fato doloroso; é não ficar alimentando a dor; é seguir adiante e se abrir para novos relacionamentos.

cia. Piedade é a virtude que nos faz compadecer diante do sofrimento alheio e nos predispõe a estender mãos amigas que ajudem a mitigar a dor dos que sofrem. Diante do ofensor, a piedade nos faz olhar para ele como alguém que necessita de ajuda para integrar as virtudes cristãs, alguém que tem um histórico de vida que o levou a ser agressivo, violento, frio e indiferente. A indulgência é filha da tolerância e nos induz a calar críticas contundentes diante dos erros alheios. O indulgente, quando vai corrigir um erro, o faz de forma discreta e ponderada, evitando humilhar o indivíduo que errou, embora aponte a atitude inadequada que precisa ser modificada.

Um dos exemplos práticos dessas virtudes nos foi oferecido por Jesus no caso da mulher adúltera que foi levada à praça para ser apedrejada publicamente, em conformidade com as leis mosaicas. Jesus teve piedade da mulher, compadeceu-se de seu sofrimento moral, de sua queda espiritual, de sua fragilidade diante do sexo em desequilíbrio com as leis do amor. Foi indulgente quando não a censurou publicamente, não a humilhou, embora não tenha concordado com sua infidelidade conjugal. Exerceu a misericórdia perdoando seu pecado. Ao dizer: "Vá, e não peques mais", demonstrou que o adultério é passível de condenação, mas a pessoa que adulterou não. Somente Deus e talvez Jesus naquele momento pudessem conhecer os motivos que levaram aquela mulher a cometer o adultério. Não cabe a nenhum de nós julgar e condenar pessoas, mas ajudá-las a se levantarem após a queda, educando-as, com amor, para que novos erros não sejam cometidos.

Treine essas virtudes essa semana:

1 Silencie as críticas dentro de você.
2 Se for corrigir alguém que errou diga diretamente o que deve ser mudado em sua atitude, jamais fazendo críticas pessoais, por exemplo: "quando for atrasar, me avise, pois esperar causa extrema ansiedade em mim".

É bem melhor do que dizer: você é muito folgado, irresponsável! Não sabe cumprir com os compromissos firmados? Para que existem relógio e telefone? Detesto quando me deixam esperando!

3 Não guarde mágoas de colegas de trabalho, familiares, chefes irritados. Pense no sofrimento deles por estarem mal-humorados. Lembre-se que a raiva causa liberação dos hormônios do estresse que aceleram os batimentos cardíacos, aumentam a pressão arterial e a produção de ácidos em seu estômago, entre outras alterações que prejudicam sua saúde. Faça uma prece, busque sintonia com Deus e desligue-se mentalmente dessa pessoa problema, não se envolvendo em seu azedume. Ser irritado, grosseiro, indiferente e infeliz é uma escolha dela, não sua.

4 Quando perceber que está emitindo pensamentos de revolta e desforra mental faça uma prece, procure ler um bom livro, ouça uma música relaxante, respire profundamente,

procure se dedicar a uma atividade prazerosa ou edificante (caridade). Desligue-se do mal o quanto antes, ninguém roubará a paz em que você escolheu viver. Pense nisso!

5 Diante do ofensor, pense: que tormentos íntimos essa pessoa está vivendo para agir dessa forma. Lembre-se que toda atitude negativa nasceu de um pensamento negativo. Tenha piedade dessa alma enferma que se apresenta diante de você e a acolha com uma prece. Imagine que no plano espiritual um ente querido dela torce para que você seja o copo de água fria e não a lenha que aumente o fogo que já arde, derretendo a paz.

7ª Semana

Libertando-se do sentimento de culpa

***Objetivo:** promover o autoperdão.*

Tarefa da semana: generosidade e beneficência

Como foi dito anteriormente, o espírito foi criado simples e ignorante, sem conhecimentos do bem e do mal, portanto não tem noção de certo e errado. Vivendo experiências sucessivas, em várias reencarnações, sofre quando faz escolhas inadequadas, porque sofre as consequências dos próprios erros. O erro gera sofrimento e o acerto gera prazer. Entre erros, acertos, sofrimentos e prazeres, instintivamente a alma vai aprendendo as leis morais da vida e aos poucos fixa o aprendizado.

Portanto, no início de sua jornada evolutiva a alma não experimenta culpa porque para que isso ocorra o espírito precisa ter desenvolvido o pensamento racional e a capacidade de julgar seus atos. O indivíduo necessita ter a capacidade de interagir com os outros para identificar nessas pessoas a mágoa que sua atitude causou e para que isso ocorra ele precisa ter desenvolvido em si a inteligência emocional conhecida como inteligência interpessoal.

A culpa surge no ofensor quando ele nota a mágoa e o ressentimento no ofendido ou quando ele por si só tem medo de errar e ferir o outro. Nesse caso mesmo que a pessoa não se sinta ofendida o ofensor se culpa porque analisa seus atos e os julga inadequados. Portanto, somente sente culpa quem tem a sensação subjetiva de ter tido atitudes inadequadas, de ter sido um algoz, de ter causado danos irreparáveis à outra pessoa. Logo, se você for esperar o arrependimento do algoz para dar o seu perdão, prepare-se: isso pode demorar algumas existências para acontecer.

Penso que o espelho foi criado para que pudéssemos embelezar nosso rosto e o sentimento de culpa serve para aprimorar nossa alma, pois é esse sentimento de angústia diante do erro que nos faz reconhecer que tomamos uma decisão equivocada e nos permite corrigir o equívoco, pedir desculpas e aprender com o erro, para não repeti-lo. É importante que a culpa se transforme numa análise dos acontecimentos gerando a possibilidade de reparação. Portanto, o limite saudável da culpa se encontra na sensibilidade para perceber, orientar e viver a conduta edificante.

O sentimento de culpa vivenciado de forma saudável nos leva ao arrependimento e à tentativa de reparar a falta cometida. A culpa tormentosa, conhecida como remorso, nos faz sofrer profundamente e gera autopunição e não repara o mal que fizemos, por isso deve ser evitada.

Muitas pessoas não se curam de suas enfermidades porque trazem dentro de seu inconsciente o sentimento de culpa e por se sentirem culpadas pensam que merecem sofrer. A doença física ou mental serve como forma de autopunição.

Precisamos compreender que ninguém erra porque quer: erramos por ignorância ou fraqueza, muito mais do que por maldade. Além disso, a vida é feita de escolhas e escolhemos o tempo todo. Podemos dizer que escolhemos sempre o certo, no momento da escolha. Pense comigo: se estivermos diante de dois caminhos e decidirmos ir pelo caminho da direita é porque julgamos que essa seria a melhor escolha. Somente quando sofremos a consequência de uma má escolha é que nos damos conta de que tomamos o caminho errado e precisamos retificar o passo. A sensação de decepção e de tristeza que experimentamos quando erramos (culpa) nos levará à reflexão para que entendamos a razão do erro, provocará em nós o arrependimento, a decisão de corrigir esse erro e nos orientará a escolher melhor da próxima vez.

Sempre que percebermos em nós algum sentimento de culpa, exercitemos o autoperdão, entendendo que somos tão bons quanto podemos ser de acordo com o nosso grau de evolução e entendimento.

Perdoemos aos outros sempre, mas não nos esqueçamos de nos perdoar pedindo a Deus que nos dê a chance de corrigir nossos erros reparando a falta cometida nessa encarnação, se possível, senão, em outra existência.

Por exemplo: um jovem que tenha queimado um mendigo de rua e que tenha se arrependido desse crime poderia reparar seu erro trabalhando como voluntário numa unidade de queimados de um hospital. Isso seria bem mais útil do que ficar preso numa penitenciária ou ser queimado também. Alguém que tenha cegado várias pessoas numa existência passada não precisa nascer cego para "pagar" pelo que fez. Basta que renasça como um bom oftalmologista. Uma mulher que cometeu abortos nessa existência e que não possa mais ter filhos, ocasião em que poderia reparar o erro ofertando nova possibilidade de reencarnação à alma rejeitada, pode receber essa mesma alma como neto ou filho do coração e exercer a maternidade antes rechaçada. Se não pode ter filhos ou netos, se não pode adotar crianças, que se dedique a cuidar de crianças abandonadas em casas abrigos ou orfanatos. Pode também amparar jovens mães solteiras que sem apoio social poderiam resvalar para o crime do aborto também. Enfim, a providência divina encontrará mil maneiras de prover a possibilidade de reparação das faltas cometidas ainda nessa existência em curso, ou, se isso não for possível, na vida após essa vida.

Lembremos Jesus: "quem nunca pecou que atire a primeira pedra".

A culpa tem sede naquele que pratica a ação e o ressentimento naquele que recebe a ação subjetivamente considerada lesiva. A culpa nasce no ofensor quando ele nota a mágoa e o ressentimento no ofendido, ou quando ele, por si só tem medo de errar e ferir o outro. Mas o limite saudável da culpa se encontra na sensibilidade para perceber, orientar e viver a conduta edificante.

TAREFA DA SEMANA:

1 Analise-se e procure repassar sua vida pensando em que você pode ter errado.

2 Identifique como você se sente em relação a esse erro.

3 Se você se sente culpado, desconfortável com a lembrança do erro, assim você identificará a culpa que dorme em você.

4 Pense nas intenções que estavam por trás de sua atitude. Se as intenções eram boas, mas o resultado foi ruim e deixou marcas nas pessoas que você feriu, lembre-se que Deus nos julga de acordo com as nossas intenções.

5 Se houver a possibilidade de pedir perdão, peça. Não importa se a outra pessoa vai aceitar ou não. O que importa é que você reconheça o erro e se comprometa a tentar não errar mais. Isso é um sinal de humildade. Deus levará isso em conta.

6 Se a pessoa não quer lhe receber ou não atende seu telefone, envie uma carta, um e-mail, uma mensagem pelo celular, um recado através de

amigos. Faça a sua parte. O que importa é a sua consciência.

7 Ore pela pessoa que você feriu e peça perdão a ela em pensamento. Peça para os amigos espirituais promoverem um encontro espiritual entre vocês, o que é possível no momento em que o corpo está em repouso pelo sono físico, quando seu espírito e o da pessoa que lhe interessa podem se ausentar do corpo e se encontrar no plano espiritual para se entenderem.

8 Ore e peça a Deus que crie uma oportunidade de reparar o erro. Com certeza a providência divina criará uma situação onde você possa reparar seu erro. Confie! Deixe o tempo agir a seu favor.

ORAÇÃO DO AUTOPERDÃO:

Sou um ser imperfeito, por isso errei; sinto-me feliz por poder reconhecer o erro cometido e assim poder repará-lo ou não repeti-lo mais; obrigado, Senhor, por me permitir errar, pois isso me fará mais humilde e me verei exatamente como sou, nem superior, nem inferior aos meus companheiros de humanidade, que erram também e que necessitarão igualmente do meu perdão; serei mais compreensivo e mais tolerante com os erros alheios; perdoarei quantas vezes for necessário aos erros dos meus companheiros porque agora compreendo que aquele que não perdoa perde completamente o direito de errar.

Assim como o espelho serve para embelezar nosso rosto, o sentimento de culpa serve para aprimorar nossa alma. O sentimento de culpa vivenciado de forma saudável nos leva ao arrependimento e à tentativa de reparar a falta cometida. A culpa tormentosa, conhecida como remorso, nos faz sofrer profundamente e gera autopunição e não repara o mal que fizemos.

TAREFA DA SEMANA – GENEROSIDADE E BENEFICÊNCIA

Lembro-me, nesse momento, de uma entrevista que assisti na TV a respeito de doação de órgãos. Um rapaz muito jovem emocionava-se ao contar ao repórter sua alegria por ter tido a oportunidade de salvar a vida de uma criança com leucemia através da doação de medula óssea. Contava que, um dia, havia atropelado e matado um pedestre enquanto dirigia sua moto. Foi inocentado pela justiça humana, uma vez que dirigia dentro da velocidade permitida e não estava embriagado ou drogado. Sem dúvida se conduzira dentro da lei, mas sua consciência não tinha paz. Sentia-se culpado pela morte do pedestre e vivia infeliz. A oportunidade de doar sua medula e salvar uma vida lhe trouxe a absolvição da consciência culpada. Esse é um exemplo do poder da generosidade em nossas vidas. O poder do amor que cobre a multidão dos nossos pecados como dizia o apóstolo de Jesus (I Pedro 4:8).

Ser generoso é ser bom; é ser desapegado dos bens materiais; é fazer o bem sem qualquer ostentação; é servir com alegria. A pessoa generosa faz o bem pelo prazer de fazê-lo, não para obter algo em troca do bem que fez; procura servir ao seu próximo espiritual e materialmente. No campo material a generosidade se manifesta na forma de beneficência: na provisão de bens aos necessitados, sejam roupas, calçados, utensílios domésticos, um prato de comida ou um emprego digno. No campo espiritual a generosidade se manifesta através de uma atitude serena diante do ofensor perturbado pelo ódio, assim como se manifesta no perdão das ofensas, na paciência, na humildade, no ato de olhar, ouvir e falar com amor. Enfim, ofertar algo de bom para o outro. A generosidade é uma virtude filha do amor que nos conduz à caridade material (beneficência) e à caridade espiritual.

Experimente essa semana exercer um ato de generosidade com alguém e preste atenção no que isso lhe proporciona. Se você tiver dificuldade em abrir o seu coração para proporcionar o bem aos outros comece abrindo suas mãos e doe tudo o que não tem mais utilidade para você, mas que pode significar o mínimo necessário para alguém. Doe roupas e sapatos, brinquedos, utensílios domésticos, mas não apenas o que está muito velho. Doe algo que ainda esteja em boas condições de uso, porque isso é uma forma de abnegação e renúncia em prol da felicidade de alguém.

Na neurociência, especialistas tentam identificar os mecanismos cerebrais acionados quando se é generoso. "Seres humanos são capazes de se sacrificar por um desconhecido completo ou por um ideal. Isso não é visto em outras espécies", afirma o neurocientista brasileiro Jorge Moll, do instituto D'Or, no Rio de Janeiro. O pesquisador é conhecido no meio acadêmico por seus estudos sobre a resposta cerebral às ações altruístas. Ele e sua equipe mostraram, por meio de exames de ressonância magnética, que ao se praticar ações altruístas são acionadas áreas do cérebro ligadas à recompensa. Ao doar dinheiro, por exemplo, experimentamos uma sensação de prazer que resulta da liberação de dopamina, o que também ocorre quando ganhamos dinheiro. "Para o cérebro, o que temos é um sentimento de recompensa, assim, vale perder para ajudar o outro" [20].

20 Extraído de artigo publicado na revista *Isto É* - O poder da generosidade - publicado no site da referida revista. (www.istoé.com.br).

8ª Semana

Lei de ação e reação – carma e sofrimento

Objetivo: entender o sofrimento como consequência de escolhas equivocadas e não como castigo divino.

Tarefa da semana – resignação e desapego

A vida é feita de semeadura e colheita: o que se planta, colhe-se. Esse ditado é antigo, mas sempre atual, pois costumamos reclamar muito das dificuldades que a vida nos oferece esquecendo-nos de que, na maior parte das vezes, nós somos responsáveis por tudo que ocorre conosco.

Reclamamos de filhos desobedientes, frios e indiferentes à nossa dedicação a eles e nos esquecemos de que nunca incentivamos em nossos filhos a cooperação, a solidariedade, a gratidão pelos bens recebidos, mimando-os o tempo todo, não impondo limites aos seus caprichos em nome do nosso amor, fazendo-os crer que o mundo existe para servi-los e não o contrário.

Quantos pais reclamam que seus filhos são violentos e agressivos, mas não perceberam que muitas vezes os violentaram impondo a eles sua vontade soberana de pais, submetendo-os aos seus caprichos, obrigando-os a realizar sonhos que não eram deles, mas dos próprios pais? A quantos castigos, agressões físicas ou verbais foram submetidos quando crianças? Muitos pais humilham e destroem a autoestima dos filhos e depois reclamam que esses mesmos filhos, quando crescidos, não pensam antes de falar e também humilham os pais.

Quantos sofrimentos poderiam ser evitados em nossas vidas se fossemos mais tolerantes, pacientes, resignados? Se não fossemos ciumentos, vaidosos, orgulhosos, invejosos, ambiciosos?

Se consultarmos nossa consciência e não encontrarmos explicações para nossos sofrimentos em nossa vida, então poderemos crer que se trata de expiação de faltas cometidas em existências passadas ou provações necessárias ao nosso crescimento intelectual e moral.

Prova: teste que a vida aplica para que desenvolvamos todo o potencial moral e intelectual que temos. Por exemplo, na prova da riqueza a vida testa a nossa generosidade e desapego.

Expiação: resultado de algo que fizemos em outras existências e que recaem sobre nós nessa reencarnação para que possamos retificar os erros e ressarcir prejuízos causados a nós mesmos ou a outros. No exemplo acima, um rico egoísta e pródigo pode renascer na pobreza para valorizar o trabalho honesto, desenvolver a humildade e conhecer as

dificuldades de se encontrar pelo caminho
ricos egoístas, como ele mesmo foi.

Porém, uma coisa é certa: o sofrimento objetiva educar ou reeducar nossa alma e não deve ser encarado como castigo, mas como oportunidade de aprendizado.

Quando estivermos sofrendo procuremos pensar: que recado a vida está querendo me dar? Onde estou errando? O que posso fazer para melhorar?

Importante lembrar que o sofrimento serve como prova ou expiação, promove nosso crescimento espiritual e intelectual, portanto podemos deixar de nos referirmos a ele como sofrimento e encará-lo **como luta e desafio** para a nossa alma.

Compreendamos que a vida é uma grande escola para quem sabe ser aluno. Vamos aprender com a vida?

PENSE SOBRE ISSO ESSA SEMANA:

a. Sofreu perda financeira? – a vida lhe ensina

que a posse é uma ilusão e lhe propõe o desapego de tudo o que é material. Incentiva também sua coragem e fé lembrando que você tem potencial para conquistar tudo outra vez.

b. Sofreu a perda de entes queridos? - a vida lhe fala da transitoriedade e impermanência de tudo o que existe e lembra que na vida após essa vida existe trabalho, realização e progresso e que, pelos fios invisíveis do pensamento e pelos laços do sentimento, vivemos o amor sem adeus.
c. Sofreu decepção com as pessoas? - a vida lhe mostra o quanto você se iludiu e lhe convida a persistir no bem.
d. Foi magoado? – a vida lhe dá a oportunidade de aprender a perdoar e a compreender que as pessoas não são perfeitas.
e. Está sozinho? – a vida quer que você seja solidário e deixe de ser um homem parede para ser um homem ponte.
f. Sente-se velho? – a vida quer lembrar que a

sabedoria chega quando os cabelos embranquecem.

g. Está doente? - a vida quer lhe ensinar a cuidar melhor de você.
h. A doença é incurável? - a vida quer que você se lembre de que é imortal.
i. Você fracassou? - a vida quer que você tente outra vez, que não tenha medo de errar e, se errar, que não tenha vergonha de chorar; e se chorar, não tenha medo de recuar, reunir forças e começar tudo de novo.
j. Sente-se culpado? - a vida quer que você se lembre de que ninguém erra porque quer e que o erro é um dos meios de se adquirir experiência.
k. Sente-se abandonado? - a vida quer que você abençoe a mão que lhe estendem e a mão que lhe abandona, pois nesse abandono você descobrirá a força que há em você.
l. Você foi traído? - a vida quer que você continue amando e que se lembre de que algumas pessoas ainda não conhecem o valor da lealdade.

m. Você se sente desprezado? - a vida quer que você reforce sua autoestima e que compreenda que você não precisa ser amado por todos.

A vida é uma grande escola onde somos professores e alunos uns dos outros. Nela vivemos momentos alegres e tristes, mas estamos aprendendo sempre! Não veja sofrimento onde há apenas desafio e luta.

TAREFA DA SEMANA – RESIGNAÇÃO E DESAPEGO

A resignação é a virtude que faz com que nos submetamos à vontade de Deus, revelando confiança plena no Criador e tendo a certeza de que Ele nos ofertará o necessário para proporcionar nosso crescimento intelectual e moral, razão maior de estarmos encarnados nesse mundo.

Desse modo, o indivíduo resignado aceita com humildade, coragem, paciência, esperança e fé a todos os desafios da vida, reunindo forças para enfrentá-los, sem revolta e inconformação.

Essas virtudes acima referidas, geradoras da resignação, favorecem a resiliência - capacidade de enfrentar as vicissitudes da vida sem adoecer psiquicamente.

Relaciono, a seguir, os pensamentos da psicoterapeuta Tânia Resende a respeito do significado do desapego em nossas vidas.

Diz a referida terapeuta[21]:

"Partindo da minha experiência, percebo que o desapego é um dos pré-requisitos básicos para o equilíbrio físico, emocional e mental."

"Apegar-se está relacionado a agarrar-se a ideias, desejos, hábitos, pessoas, objetos, medos, situações etc."

"O ser humano necessita se sentir seguro em todos os aspectos da sua vida e acredita que sua segurança vem de fora: pessoas, bens, emprego etc. Estamos seguros quando essas 'pessoas, si-

---

21 O texto aqui exposto sofreu adaptação ao estilo literário do livro e às finalidades do mesmo, portanto não contém todo o texto escrito no referido blog pela autora. Foram extraídas as partes que interessam ao presente estudo. Para ler na íntegra: animamundhy.com.br/blog/qual-e-o-significado-do desapego-em-sua-vida.

tuações ou coisas', que elegemos como núcleos de segurança, permanecem imóveis, quando nada se modifica ao redor de nós."

"Desta forma, ficamos numa 'zona de conforto' e nos acomodamos nela. Se nada se modifica fora de nós, não há necessidade de mexer em nada dentro de nós. Tememos as mudanças e preferimos que tudo fique como está. Isso nos leva ao apego."

"O apego é um esforço enorme para manter as coisas sempre como estão a fim de trazer para dentro de nós a 'segurança' que tanto buscamos e assim impedimos o fluxo natural da vida que é o movimento, a renovação, o progresso."

"O apego nos traz a sensação de que sem o 'objeto de apego' não conseguiremos sobreviver, pois pensamos que a nossa segurança vem dele. Mas quando nos agarramos a algo estamos nos apoiando no externo. Apoiar-se no externo traz uma falsa ideia de segurança, pois não há como garantir que tudo vá ficar como planejamos".

"Ficar 'à mercê' do que ocorre fora de nós gera insegurança e medo."

"Nos 'agarramos' a pessoas, nos apoiamos nelas, colocamos nelas a nossa fonte de felicidade. E quando elas se movem, ou quando se afastam, caímos - nos desestruturamos. Pensamos que sem aquela pessoa não podemos sobreviver."

"Desabar quando o outro se move, quando resolve sair de nossas vidas, seja em busca de outros relacionamentos ou levados pela morte, significa que a nossa fonte de segurança estava no outro e não em nós."

As pessoas ciumentas e possessivas não confiam no ser amado porque não confiam em si mesmas. Têm dúvidas quanto a sua capacidade de despertar amor no outro. O problema não está no comportamento do parceiro ou da parceira e sim da falta de autoestima do ciumento. Portanto para libertar-se do ciúme é preciso amar-se, aceitar-se, confiar em si mesmo, respeitar-se.

E isto vale também para as situações e objetos. Trabalhamos excessivamente para acumular riquezas, fruto da falta de confiança em nossa capacidade de vencer os desafios da vida. As pessoas avarentas não são pessoas materialistas como muitos pensam. Conheço muitos avarentos que são espiritualizados, mas têm muita insegurança pessoal. Não confiam em si mesmos, nas pessoas à sua volta, nem em Deus. A insegurança e a baixa autoestima geram avareza, ciúme e inveja.

Quando cobiçamos as coisas dos outros e nos revoltamos por não ter as mesmas coisas em nossas vidas demonstramos que não entendemos que cada um tem exatamente o que necessita para evoluir. Uns precisam da prova da riqueza, outros necessitam da prova da pobreza. Além do mais, quem disse que precisamos de tantas coisas para ser feliz? A felicidade é um jeito de ver a vida, agradecendo ao bom e ao ruim, pois tudo que acontece nos oferece oportunidade de crescimento. Quando nos desapegamos da ambição de **ter** alguma coisa e nos dedicamos a **ser** alguém, quando cremos em nossa capacidade de adquirir tudo o que precisamos através de nosso esforço e perseverança deixamos de invejar. Ou seja, invejamos porque nos sentimos inferiorizados; porque imaginamos que seremos valorizados tão somente pelo que "temos" e não pelo que somos, pois pensamos que "não somos nada."

Inveja, ciúme e avareza acontecem pela falta de autoestima e autoconfiança.

"A verdadeira sensação de segurança vem quando você se apoia em seu próprio Ser, quando sabe que o seu bem-estar depende apenas de você mesmo."

"Há um fluxo natural de ir e vir na vida. Isto significa que mudanças são naturais. E significa que mudanças fazem parte da nossa natureza e nos levam sempre ao crescimento."

"A realidade externa está em constante mudança e se você estiver apoiado em si mesmo, vai continuar em pé, sentindo-se seguro, mesmo que tudo a sua volta esteja se movimentando."

"Esta é a verdadeira segurança."

"O desapego significa deixar de 'se agarrar'; envolve 'soltar e soltar-se'. O desapegar-se significa voltar-se para dentro de si mesmo, deixar de querer que tudo seja estático e render-se ao movimento, ao fluxo natural da vida!"

"Você está no lugar certo, relacionando-se com as pessoas certas, trabalhando naquilo que deve trabalhar com vistas ao seu progresso. Quando não há mais nada a aprender ou a ensinar no lugar onde você está ou com as pessoas com as quais você se relaciona, a vida move você ou retira de perto de você velhos e obsoletos professores, trazendo novos instrutores."

"Você está vivendo, no momento presente, experiências que estão de acordo com o seu momento de evolução atual."

Durante essa semana pergunte-se diariamente:

1 A que você está se agarrando?

2 Está lembrado de que tudo aquilo que podemos perder não nos pertence de verdade?

3 Olhe para tudo a sua volta: objetos, pessoas, situações, emprego, bens e pense: nada disso é meu realmente; amanhã tudo isso pode não estar mais aqui.

4 Vou aproveitar ao máximo o momento presente. Amanhã, posso não estar mais aqui ou eles poderão não estar.

5 Ame a tudo e a todos, mas não se prenda e não prenda ninguém. Imagine-se abrindo as mãos sem medo. A vida pulsa. Outros momentos, pessoas e objetos virão ocupar o lugar dessas pessoas, objetos e momentos atuais. E podem ser melhores. Pense nisso!

Anexo I

Orientações aos leitores e aos que buscam o tratamento espiritual

Implante o Evangelho no Lar

Escolha um dia da semana e um horário definido, procurando reunir-se com seus familiares sempre nesse mesmo dia e horário.

Faça uma prece

Leia uma página que contenha ensinamentos de fundo moralizante.

Converse com os familiares sobre o que a página quis ensinar

Encerre com uma prece.

Durante o evangelho no lar deve-se colocar um copo de água para fluidificar para que todos possam ingerir a água fluida, após a prece de encerramento.

Oração diária

Ao levantar crie o hábito de orar pedindo a Deus um bom-dia e ao deitar peça uma noite de descanso e paz. Aproveite para agradecer as bênçãos que você colheu durante o dia, as oportunidades de aprendizado e de trabalho, a saúde etc.

Higiene mental

Cultive o hábito de ler diariamente páginas de conteúdo moral elevado, evite programas de televisão, filmes, jornais e revistas de conteúdo moral inferior - imoral ou violento. Lembre-se de que encher sua mente de flores ou de lixo é escolha sua.

Caminhe ao ar livre, respire ao contato da natureza, observe as belezas da vida a sua volta. Tome banho sentindo a água escorrer em seu corpo. Aprenda a curtir cada momento de sua vida e relaxe.

Água fluidificada

Sempre que estiver se sentindo mal, procure colocar um copo de água para que Jesus derrame nele as energias que você precisa para se recompor. Faça uma prece e peça a Jesus que fluidifique a água para você. Traga ao centro uma garrafa de água para que seja fluidificada durante as orações e ingira um pouco dessa água diariamente ao acordar ou ao deitar.

Sugestões de leitura

Para o Evangelho no lar ou para renovação mental diária:

Agenda cristã - Francisco Cândido Xavier/André Luiz - Editora FEB.

Jesus no Lar – Francisco Cândido Xavier/Neio Lúcio - Editora FEB.

Pão nosso e *Vinha de luz* - Francisco Cândido Xavier/Emmanuel - Editora FEB.

Palavras de vida eterna - Francisco Cândido Xavier/Emmanuel - Editora CEC.

Segue-me - Francisco Cândido Xavier/Emmanuel - Editora O Clarim.

Deus ajuda - Lourival Lopes - Editora Otimismo.

Minutos de sabedoria - Carlos Torres Pastorino - Editora Vozes.

Sinal verde - Francisco Cândido Xavier/André Luiz - Editora CEC.

Busca e acharás - Francisco Cândido Xavier/André Luiz e Emmanuel - Editora Ideal.

O Evangelho segundo o Espiritismo - Allan Kardec - Editora EME.

Bom dia mesmo! - Ricardo Orestes Forni - Editora EME.

A vida ensinou - Maria Ida Bolçone - Editora EME.

Para o estudo da doutrina

O Livro dos Espíritos, O Evangelho segundo o Espiritismo - Allan Kardec - Editora EME

O Livro dos Médiuns, A Gênese, O Céu e o Inferno, Revista Espírita - Allan Kardec - Editora FEB.

Série André Luiz - A vida no mundo espiritual (André Luiz - espírito e Francisco Cândido Xavier - médium - Editora FEB: *Nosso Lar, Os mensageiros, Missionários da luz, Obreiros da vida eterna, Libertação, Ação e reação, Nos domínios da mediunidade, A vida continua.*

Obs.: há outros títulos dessa série endereçados aos estudiosos da doutrina e da mediunidade: *Mecanismos da mediunidade* e *Evolução em dois mundos.*

Fundamentos da doutrina espírita - José Benevides Cavalcante - Editora EME.

O que é o espiritismo - Projeto VEK - Editora EME.

Para a reforma moral (livros que nos levam ao autoconhecimento para transformação moral e melhor conhecimento dos ensinamentos de Jesus).

Renovando atitudes, Dores da alma, Prazeres da alma e *Um modo de entender - uma nova forma de viver* - Hammed (Espírito) - todos psicografados por Francisco do Espírito Santo Neto - Editora Boa Nova.

Reforma íntima sem martírio - Espírito Ermance Dufaux - médium Wanderlei Soares de Oliveira - Editora Dufaux.

O Evangelho segundo o Espiritismo - Allan Kardec - Editora EME.

O que é a evangelização de espíritos - Alzira Bessa França Amui - Editora Esperança e Caridade.

Pelos caminhos do entendimento - Alzira Bessa França Amui e Luciano Sivieri Varanda - Editora Esperança e Caridade.

Romances clássicos escritos pelo Espírito Emmanuel através do médium Francisco Cândido Xavier - editados pela FEB: *Ave Cristo; Paulo e Estêvão; Há 2.000 anos.*

Análise da Inteligência de Cristo - coleção de livros escritos pelo Dr. Augusto Cury - onde esse renomado psiquiatra traça um perfil psicológico de Jesus e seus apóstolos e nos ensina a entender os ensinamentos de Jesus sob o ponto de vista da psicologia - Editora Sextante.

Manual prático do espírita - Ney Prieto Peres - Editora Pensamento.

O amor está entre nós - Luiz Gonzaga Pinheiro - Editora EME.

O evangelho é um santo remédio - Joseval Carneiro - Editora EME.

Viva a vida! - José Carlos Cintra - Editora EME.

Mensagens de saúde espiritual - Wilson Garcia - Editora EME.

Livros de autoajuda não espíritas

Por que as pessoas ficam doentes? - Darlan Leader e David Corfield - Editora Best Seller.

A doença como caminho - Thorwald Dethlefsen e Rudiger Dahlke - Editora Cultrix.

Você pode curar sua vida; O poder dentro de você - Louise Hay - Editora Best Seller.

A arte da felicidade - Dalai Lama por Howard C. Cutler - Livraria Martins Fontes Editora

O sucesso ainda é ser feliz - Roberto Shinyashiki - Editora Gente.

Dez leis para ser feliz; Seja líder de si mesmo; Você é insubstituível - Dr. Augusto Cury - Editora Sextante.

Não diga sim quando quer dizer não - Dr. Herbert Fensterheim e Jean Baer - Editora Record.

O monge e o executivo - James C. Hunter - Editora Sextante.

Jesus, o maior psicólogo que já existiu - Mark W. Baker - Editora Sextante.

Quem ama não adoece - Dr. Marco Aurélio Dias da Silva - Editora Best Seller.

ANEXO II

Para as casas espíritas

Em nossa casa espírita pretendemos implantar esse livro como parte do atendimento fraterno. As pessoas passam por uma entrevista e são encaminhadas ao tratamento espiritual através de passes e água fluida.

Sugerimos que as pessoas em tratamento permaneçam por um tempo mínimo de oito semanas durante as quais assistirão a palestras educativas baseadas nas oito semanas do livro. Cada semana uma virtude é treinada e na semana seguinte, depois da palestra da semana, os atendidos podem relatar suas experiências. Isso cria um clima de fraternidade entre assistidos e assistentes e estimula a todos a se evangelizarem.

Penso que o maior objetivo do atendimento fraterno nas casas espíritas é ouvir e confortar aos assistidos em primeiro lugar. Posteriormente, esclarecer sobre o papel de cada um como autor, diretor e ator em sua vida, de acordo com suas escolhas ou livre-arbítrio. Depois de ouvir, confortar e esclarecer há a necessidade de despertar o assistido para o autoconhecimento, reforma moral e trabalho na caridade, encaminhando-o para grupos de estudos que estimularão seu crescimento espiritual, respeitando, obviamente, aqueles que desejam apenas um passe, e nada mais.

Dessa forma a casa espírita deixa de funcionar como mero pronto-socorro para as horas difíceis e passa a ser um facilitador do conhecimento humano, um verdadeiro educandário da alma.

Algumas pessoas recusarão esse curso de oito semanas e devem ser respeitadas. Nem todos estão preparados para romper os limites da zona de conforto criada pelo já conhecido e experimentado há muito tempo. Mas muitos se interessarão por essa viagem em busca do "eu" que anseia por ser feliz e que deseja aproveitar ao máximo a encarnação atual.

Conheça também:

Razões para uma vida melhor

Ricardo Orestes Forni

• Contos • 14x21 cm • 184 pp.

Com fatos e histórias, na maioria das vezes tiradas da vida real, Ricardo Orestes Forni nos ensina a substituir a tendência de viver bem pela opção mais acertada de bem viver. Personagens que sobreviveram a grandes tragédias exemplificam a todos nós atitudes corajosas e nos dão provas de grande superação.

A morte sem mistérios

Donizete Pinheiro

• Estudos • 14x21 cm • 160 pp.

Donizete Pinheiro aprofunda o tema para instruir ou confortar aqueles que estejam sofrendo por causa da morte ao mesmo tempo em que nos oferece um alento, pois a cada instante vem confirmar e consolidar em nosso íntimo a certeza da sobrevivência do ser imortal que somos.

Liberte-se da ansiedade

Severino Barbosa

• Autoajuda • 14x21 cm • 112 pp.

A ansiedade, aquela que deixa nossas mãos suando, que faz o coração disparar e quase sair pela boca, que tira o sono e traz complicações gástricas, não é nada normal. É um mal que perturba milhões de pessoas no mundo todo. Não é o mal deste século; mas de todos os séculos. Suas raízes estão no Espírito e é nele que se deve aplicar o antídoto.

Conheça também:

Felicidade é algo que se aprende

Lúcia Cominatto/Espírito Irmã Maria do Rosário

• Mensagem/Autoajuda • 14x21 cm • 256 pp.

Esta é uma obra onde é possível encontrar o esclarecimento necessário para nos redimirmos dos nossos erros e podermos aprender e conquistar a verdadeira felicidade, sempre tão desejada por todos nós.

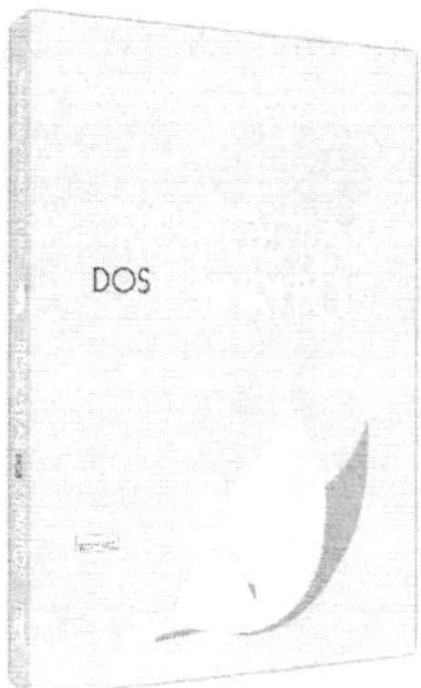

Respostas dos espíritos

Waldenir Aparecido Cuin

• Estudo • 14x21 cm • 224 pp.

Em *Respostas dos Espíritos*, Waldenir Cuin selecionou algumas questões para refletir com o leitor sobre temas do cotidiano, com o objetivo de fazer da análise de cada uma a base para entendermos nossa própria evolução moral e espiritual. A leitura atenta deste livro nos ajudará a reformular nossa conduta, buscando nossa perfeição.

Seja feliz, diga não à depressão

Elaine O. C. Aldrovandi

• Autoajuda • 14x21 cm • 160 pp.

Falar sobre depressão não é falar de uma doença qualquer, mas sim, falar das dores da alma humana. Ao ler esse livro você fatalmente fará uma viagem para dentro de si mesmo e começará a ver a vida com outros olhos, porque compreenderá onde estão as raízes do seu sofrimento.

Não encontrando os livros da EME na livraria de sua preferência, solicite o endereço de nosso distribuidor mais próximo de você através do Fone/Fax: (19) 3491-7000 / 3491-5449.

E-mail: vendas@editoraeme.com.br – Site:www.editoraeme.com.br